Klaus Pinkas

YOGA als klassische Aufklärung

KLAUS PINKAS

YOGA
als klassische
Aufklärung

© 2017 Text und Illustrationen: Klaus Pinkas
Satz und Layout: Buch&media GmbH, München
Umschlaggestaltung: Johanna Conrad, Augsburg, nach einer Zeichnung
von Ingrid Schreyer, Salzburg
Herstellung u. Verlag: Books on Demand GmbH, Norderstedt
Printed in Germany
ISBN 978-3-7431-0594-2

Ein Text über Yoga beginnt gewöhnlich mit einem . AOUM; und AUOM heißt »alles« – und alles ist mit allem verbunden. Damit ist das Programm des Yoga skizziert und man braucht sich nur noch um eine entsprechende Empfindung bemühen.

»Nicht, was wir erleben,
sondern wie wir empfinden,
macht unser Schicksal aus.«

Marie von Ebner-Eschenbach

Inhalt

o. Einleitung

Eine einfache, aber sehr wirksame Form einer Affenfalle besteht in einem mit Futter gefüllten Krug mit einer so eng dimensionierten Öffnung, dass das Opfer sehr leicht mit der offenen Hand durch sie durchkommt. Aber zu eng, um die das Futter greifende Faust zurückziehen zu können. Der Intelligenzunterschied von Affen und Menschen weist die Opferrolle zu und ist weiter nicht erstaunlich. Dass aber Menschen anderen Menschen gegenüber in diese Falle tappen und dass sogar ganze Kulturen in dieser Falle stecken, macht das Phänomen im Konnex des vorliegenden Textes interessant. Der Mensch muss sich nicht weiter anstrengen, um sich auf dem geistigen Niveau des Affen einzufinden; hingegen ist der Humanismus immer eine Folge geistiger Leistung. Im Yoga und im Buddhismus gilt das Anhaften als leidvolle Spannung; und auch das Christuswort von den Lilien auf dem Feld empfiehlt Gelassenheit.

Es ist ein alter Rosskäufertrick, eine größere Menge von Banknoten mitzuführen und diese dem Verkäufer in dem Moment zu zeigen, in dem seine Entscheidung gewünscht wird. Wie der Affe, der an der Beute anhaftet und die Faust nicht löst, werden auch viele Handelspartner durch das größere Geldbündel manipuliert, haften an und verkaufen zu einem niedrigeren Preis als es dem Wert oder einem möglichen Verkaufspreis entspräche. Anhaften gilt im Yoga als eine der Fallen, die das Leben stellen kann; die westliche Zivilisation hängt mit ihrem Energiedurst an den Pipelines wie ein Alkoholiker an der Flasche. Der Wandel des Zieles Lebensstandard zum Ziel Lebensqualität bzw. vom Haben zum Sein könnte die Falle allenfalls auch ohne Qualitätsverlust oder sogar mit Qualitätsgewinn öffnen.

Aber auch viele der anderen überzogenen Gefühle wie Gier, Hass und Neid öffnen den Fallenstellern gute Möglichkeiten. Und selbst positive Emotionen behindern die Urteilsfähigkeit. Manchmal laufen Füchse nur mit drei Pfoten herum, weil sie sich die in einem Fangeisen steckende Pfote abgebissen haben. Die Natur zeichnet damit ein Beispiel, dass man sich einer Falle auch entziehen kann. Die Füchse, die sich auf diese Art befreit haben, bilden allerdings die Ausnahme; manche der Fallenopfer haben sich am Eisen die Zähne ausgebissen.

Im individuellen Bereich werden sich wahrscheinlich fast alle Menschen über diese leichte Verführbarkeit erhaben fühlen. Es gibt aber viele Fallen, in die wir entweder als Opfer hineinfallen oder die wir als Täter anwenden und damit der gesellschaftlichen Entwicklung schaden.

Eine der Möglichkeiten, sich diesem Spiel zu entziehen, besteht in dem Versuch, sich seinen eigenen Lebenskern bewusst zu machen und sich so den diversen Verwicklungen zu entziehen. Das eigentliche Problem ist, dass auch die westliche Kultur insgesamt in der Affenfalle steckt; sie kann nicht loslassen, denn in ihr zu leben ist so verlockend. Von einer Falle wird man sprechen können, wenn für einen kleineren Vorteil in einem Lebensaspekt große Nachteile in anderen Aspekten in Kauf genommen werden. Der Affe opfert sein Leben für den Besitz einer Nuss; die Europäer und die Amerikaner ihre Lebensqualität dem Lebensstandard.

Viele Zeitgenossen sehen bereits, dass ein Paradigmenwechsel für unsere Kultur nötig wäre; aber so wie die Affenfalle, die auf der Neigung des Menschen beruht, anzuhaften und sich beim Loslassen so schwer zu tun, ist das Problem hartnäckig. Der vorliegende Text beschäftigt sich mit Yoga, also mit der Freiheit des Menschen, die im Geist beginnt und sich im Handeln ausdrückt.

Yoga ist eine Technik, die ansetzt, die Sensibilität als gleichwertigen Partner der Rationalität zu fördern und die Emotionalität als nachrangig einzustufen. Nach diesem Denkmodell sollen sich Erlebnisse nicht unreflektiert in den Emotionen breitmachen, sondern als Erfahrung Grundlage für die Rationalität sein. Der Richter etwa soll als intellektuelle Persönlichkeit nicht emotional urteilen, aber eine gut entwickelte Sensibilität ist für ihn durchaus nützlich.

Das Verfahren bei Gericht beruht auf dem Grundsatz des objektiven Urteils, also der Emotionsvermeidung; an diesen hat sich der Richter zu halten. Das Ziel ist klar und rational erkennbar; ein Richter, dessen Interessen zur Disposition stehen, also er emotional berührt sein könnte, ist wegen Befangenheit aus dem Verfahren zu nehmen. Diese Vorschrift steht im eklatanten Gegensatz zum Normalbürger, der sich insbesondere dann einmischt, wenn es um seine Interessen geht. Um der nötigen Sensibilität des Richters zu entsprechen, kann der Richter ein psychologisches Gutachten zurate ziehen. Der Yogi nimmt auf dem Weg zur Intellektualität die Spiritualität zu Hilfe. Es geht darum, individuelle Mündigkeit und ein Gefühl für eine objektive gesellschaftliche Verantwortung zu entwickeln.

Wie eng individuelles Handeln und gesellschaftliche Wirkung miteinander verknüpft sein können, zeigen die Ereignisse in Köln zu Silvester 2015, wo zwei oder drei Dutzend islamische Flüchtlinge Übergriffe an Frauen verübten und dadurch das Image aller ihrer Schicksalsgefährten schwer beschädigten. Aber auch an sich positive Qualitäten wie Fleiß und Sparsamkeit können sich negativ auswirken. Um das an einem weit entfernten Beispiel deutlich zu machen: So werden in Indonesien nicht nur an den fleißigen und sparsamen Chinesen wegen ihrer häufigen wirtschaftlichen Erfolge von Zeit zu Zeit Pogrome verübt; als Minderheiten erkennbare Gruppen und friedensbedürftige Gesellschaften sind besonders gefordert, soziale Intelligenz zu entwickeln, damit ihnen keine Kollektivschuld oder Überheblichkeit angelastet wird.

Die Zielvorgabe, die Emotionen in den Hintergrund zu drängen, kann auf den ersten Blick für das private Leben absurd erscheinen, denn viele Menschen hängen an ihren Emotionen, und die Emotionen sind auch wichtig für die Kommunikation mit den anderen Menschen. Der Yogi jedoch hält die sensible Wahrnehmung für den Schlüssel zur eigenen und zur gesellschaftlichen Lebensqualität. Und wie das alles zusammengeht, zeigt sich auf dem Weg.

Eine Verfeinerung der Sensibilität minimiert die Emotionalität nicht, sondern optimiert sie. Für den Fall einer neurotischen Störung ist eine Reduktion der Fähigkeit zur Wahrnehmung offensichtlich; aber auch bei gesellschaftlich normaler Gehirnfunktion bleibt die Erkenntnisfähigkeit häufig hinter der Erkenntnismöglichkeit zurück.

Die deutsche Sprache hat für die beiden Begriffe Sensibilität und Emotionalität eigentlich nur das eine Wort »Gefühl« und muss sich mit den Begriffen »Gefühlseindruck oder Empfinden« beziehungsweise »Gefühlsausdruck« behelfen. Die Differenzierung ist insofern sinnvoll, da die Emotion schon die Reaktion auf die Empfindung ist und nicht die Empfindung im Augenblick darstellt; sie ist durch eine Reihe von persönlichen Vorerfahrungen, Ängsten, Hoffnungen und Interessen sowie durch kulturelle Einflüsse aufgefüllt.

Die spontane Emotion erscheint schon vor dem Einsatz der Rationalität als Urteil und behindert daher eine qualifizierte Urteilssuche. Die Sensibilität gibt dem Subjekt Einblick in das Wesen der anderen; die Emotionalität zeigt hingegen den anderen das Wesen des Subjekts.

Der Yogi will wissen, wie er in seinem Wesenskern, seiner Urnatur, ist und will durch dieses Wissen entspannter und insgesamt freudvoller leben. Die Meditation gibt Raum und Zeit, die Erlebnisse in Erfahrungen zu entwickeln, indem sie innere, oft auch unbewusste Prozesse dem Bewusstsein erschließt und dadurch mehr Einblick in die Welt ermöglicht. Das Idealziel, Intellektualität zu gewinnen, gibt es sowohl in der westlichen als auch in der indischen Kultur. Der Yoga empfiehlt nur einen eigenen Weg, indem er als Lehrmittel ein ganzes Programm anbietet; Weisheit wird lehr- und lernbar.

Die dominante westliche Bildungsidee besteht in der Förderung der Rationalität, vernachlässigt die Sensibilität und überlässt die Findung der gesellschaftlichen Ziele den Emotionen. Die dominante Bildungsidee des Yoga besteht in der kritischen Beachtung der Emotionen, sodass diese weder die Rationalität noch die Sensibilität behindern.

Sensibilität ist die natürliche Fähigkeit des Menschen, sich und seine Umwelt wahrzunehmen. Die Emotion ist hingegen ein durch die Kultur beeinflusster oder überformter Gefühlsausdruck, sodass die jeweilige Kultur immer nur an sich selbst gemessen wird und der Blick über den Tellerrand oder aber über den Rand des Kruges hinaus behindert wird.

1. Wesen und Quellen des Yoga

»Yoga ist das Zur-Ruhe-Bringen der seelisch-geistigen Vorgänge.«

»Diese sind richtiges Wissen, falsches Wissen, Erinnerung, Vorstellung und Schlafbewusstsein.«

»Dann ruht der Sehende in seiner Urnatur.«

So beginnt auszugsweise der »Leitfaden des Yoga«, der im dritten Jahrhundert vor Christus oder auch etwas später in Indien geschrieben wurde. Der Autor Patanjali, über den man weiter nichts weiß, legt in 194 Lehrsätzen die »Betriebsanleitung für das Gehirn« im Sinn des Yoga vor. Auf den nächsten Seiten will ich etwas Klarheit in den möglicherweise verwirrenden Beginn des Textes bringen und eine der mehreren Yogaarten darstellen. Nach der obigen Aufzählung sollen die alltäglichen Hirnfunktionen ausgesetzt werden; und verdient nicht der, der in unserer aufgeklärten Gesellschaft richtiges Wissen ausschalten will, höchste Skepsis und Ablehnung?!

Doch Yoga und seine Paralleldisziplinen nehmen die Skepsis so ernst, dass sie nicht nur das vorhandene Wissen über die Außenwelt kritisch hinterfragen, was auch die Wissenschaft tut, sondern auch die Instrumente der Wahrnehmung – also Gehirn und Körper. Nicht das Wissen, sondern die meditative Schau soll die Übung dominieren.

In der Meditation werden diese Funktionen zusammengeführt und aufeinander ausgerichtet. Falsches Wissen ist natürlich entbehrlich, die anderen Funktionen aber sollen nach der Meditation wieder voll aktiv werden. Die Vorstellungskraft etwa, die Grundlage für den Glauben ist, ist auch ein wichtiger Faktor fürs Denken. Man braucht sie, denn Denken ist Probehandeln im Kopf; und Vorstellungen sind Bilder, die im unsichtbaren Bereich angesiedelt sind – also die Zwischenergebnisse und das Endergebnis eines Denkvorganges.

Für mich – ich bin blind – erleichtert eine gute Vorstellung meiner Umgebung die Lebensgestaltung; ich muss mir etwa den Weg, den ich gehen will, zuerst vorstellen, also ein Bild von ihm machen.

Daher ist ein kritischer Umgang mit Vorstellung und Einbildung essenziell; eine falsche oder ungenaue Vorstellung von der Wirklichkeit zeigt sich schnell. Wer an Himmel, Hölle oder Wiedergeburt glaubt, hat gewöhnlich mehr Zeit, bis er Verifikation oder Falsifikation erfährt. Ich weiß nicht mehr von dem »Unsichtbaren«, habe aber mehr Erfahrung mit ihm; Gläubigkeit hat keinen hohen Stellenwert für mich.

Die Paralleldisziplinen zum Yoga sind jene, die die Meditation in ihr Zentrum stellen, das sind etwa der Buddhismus, der Sufismus als spirituelle Übung im Islam, die christliche Mystik, der Schamanismus, die indianischen Kulturen und viele andere.

Sinn und Zweck des Yoga wird weiters in der Bhagavad Gita beschrieben, einem Buch, das in Indien hohe Verehrung genießt und ungefähr aus der gleichen Zeit stammt. Das dritte sind die Upanishaden, die ebenfalls Antworten auf Grundfragen des menschlichen Daseins geben und deren Entstehung etwas früher angesetzt wird. Ich habe mein Wissen über Yoga aus diesen und weiteren Büchern und verdanke es auch einem alten Meister in einer Yogaschule im Gangestal, wo ich eine entsprechende Ausbildung machen konnte; außerdem hatte ich etliche Jahre Unterrichtspraxis in Wien.

Dem Yoga, der seine Heimat in der Kriegerkaste hatte, geht es wesentlich um die Rolle des Menschen. Sowohl die Bhagavad Gita als auch die Upanishaden benennen die Kriegerkaste als ihr geistiges Umfeld; und auch Prinz Siddharta, der spätere Buddha, stammt aus der Kriegerkaste. Demgemäß wachsen sowohl Yoga als auch der Buddhismus aus der gleichen Geisteswelt – und beide lassen das Kastensystem hinter sich.

Nicht nur heute, sondern offensichtlich schon in früheren Zeiten gab es beim Militär besonderen Bedarf nach Stressfestigkeit und Aufarbeitung posttraumatischer Zustände; so ein Fall wird in der Bhagavad Gita beschrieben, einem klassischen Buch der Yogalehre. Der Feldherr Prinz Arjuna steht vor der Front und will nicht kämpfen, weil er auf der gegnerischen Seite Verwandte, Lehrer und Freunde sieht. Und er fürchtet, diese Belastung nicht verkraften zu können. Sein Wagenlenker – in diesem Fall Gott Krishna – redet ihm zu, in den Kampf zu gehen – und nach dem Kampf mit Yoga die möglicherweise entstandenen psychischen Schäden zu lösen. Was wäre mit den Soldaten, wenn sich der Kommandant in dieser Lage aus dem Staub machte?

Ein Angehöriger der Kriegerkaste dürfe sich nicht weigern, am Kampf teilzunehmen; er müsse funktionsgemäß handeln. Das Buch legt nahe, dass es sich hier um den Kampf des Guten gegen das Böse handle. Als Leser dieser Geschichte sind wir heute aber nur einseitig informiert und kennen den Wahrheitsgehalt dieser Rechtfertigung nicht.

Gandhi als praktizierender Pazifist liebte das Buch; der Arzt Albert Schweitzer kritisierte hingegen seinen Inhalt. Ihm schien die Rechtfertigung dieses Kampfes als zu locker erteilt und auch die Ehre des Heerführers als Argument für den Kampf mutet heute antiquiert an. Eine emotional ausgerichtete Präferenz der beiden widersprüchlichen Auffassungen ist leichter zu finden als eine letztlich gültige Antwort.

In der ursprünglichen Christuslehre galt offensichtlich ein absolutes Gewaltverbot; mit der Teilhabe an der Macht als Staatsreligion im 4. Jahrhundert bezog sich die Kirche auf Augustinus und modifizierte diese strikte Auffassung. Demgemäß gilt für die westliche Kultur und davon abgeleitet für das Völkerrecht heute nur ein grundsätzliches Verbot des Krieges; der »gerechte Krieg« bildet die Ausnahme; erlaubt ist demnach ein Verteidigungskrieg. Was verteidigt werden darf, ist dabei umstritten: Die Europäer denken dabei an ihre Territorien, die USA gemäß ihrer jeweiligen Verteidigungsdoktrin auch an ihre Interessen. Etliche US-Streitkräfte wurden nicht zur Landesverteidigung, sondern zur Bekämpfung des Kommunismus eingesetzt. Die Militärdoktrin der USA überträgt seinen Streikräften nicht nur die Aufgabe der territorialen Verteidigung, sondern auch die Verteidigung der Interessen des Landes und wirkt damit an der aggressiven Wirtschaftspolitik mit.

Der göttliche Yogalehrer Krishna hingegen weist den Arjuna an, in Hinkunft auf die Kausalität zu achten, um einen Krieg zu vermeiden. Würden wir das in unserer Zivilisation tun, würde die Vermögens- und Ressourcenverteilung in und zwischen den Gesellschaften bzw. Völkern anders gehandhabt. Die völkerrechtliche Ächtung des Krieges ist gewiss auch ein Kausalitätsfaktor für Frieden; aber die harten Fakten der gesellschaftlichen Prozesse wirken wahrscheinlich stärker als ein bloßes Gesetz.

Fundamentalpazifisten, Politiker und Leute aus der Wirtschaft übersehen häufig die Bedingungskomplexität, die für die Erhaltung von Frieden nötig ist – die Friedensarbeit muss bei der Lebensgestaltung ansetzen, um den Kampf als letzten Akt des Dramas zu »verunnötigen«.

Wenn eine Gesellschaft ihr Wachstum oder den Ressourcenverbrauch nicht auf ein verkraftbares Maß einschränkt, werden Enge und Hunger zu natürlichen Kriegsgründen und der Krieg zu einer wiederkehrenden unvermeidlichen Katastrophe. Die Mittel sexuelle Enthaltsamkeit, Homosexualität, Empfängnisverhütung sowie Ereignisse wie hohe Kindersterblichkeit, Epidemien und Naturkatastrophen reichen oft nicht aus, ein überbordendes Bevölkerungswachstum zu verhindern; und die Expansionsmanie der »modernen« Wirtschaft führt auch mit Vollgas in einen Engezustand.

Was an »gesellschaftlicher Bestandspflege« versäumt wird, ereignet sich später als postnatale Abtreibung in Kriegen. Kriege waren bisher die »Notbremse« der Evolution, um eine überproportionale Besetzung der Natur durch die Menschen zu verhindern. Der Gedanke, individuelle Abtreibungen mit Kriegsvermeidung gegenzurechnen, berührt sicher ein Tabu; aber der Versuch, gefährliches Bevölkerungswachstum durch Verzicht auf Sexualität zu verhindern, ist immer wieder gescheitert. Nicht nur, um sich selber zu helfen, sondern auch um die Entstehung kriegserzeugender Situationen für die Zukunft zu vermeiden, rät Krishna dem Arjuna, den Yogaweg einzuschlagen, und legt diesen gleich in 700 Versen dar.

Über die Lösung eigener Schwierigkeiten hinaus ist das Wissen um den Menschen in der Welt wichtig und insbesondere für die Politik als Menschenführung relevant. Der Yoga ist eine klassische Humanwissenschaft, die heute einen starken Einfluss auf die Gehirnforschung hat. Buddhistische Mönche und Yogis sind demgemäß geschätzte Versuchsobjekte und Gesprächspartner für etliche moderne Gehirnforscher.

Patanjali hat den sogenannten Jnana-Yoga dargestellt, der sich als ein Modell in acht Stufen zeigt. »Jnana« heißt Erkenntnis und ist sprachlich mit dem griechischen Wort »Gnosis« oder mit dem bayerisch-österreichischen Dialektwort »Gneisen« verwandt. Der Begriff Yoga bezieht sich auf ein Wort, das im Deutschen Joch heißt und sich mit der Verbindung von Körper und Geist und von Sensibilität und Rationalität beschäftigt. Yoga ist seinem Wesen nach ein Geistestraining mit der Technik der Selbstbeobachtung.

2. Körpertraining

Weil ich den vorliegenden Text als Vortrag für ein human- und sozialwissenschaftliches Institut konzipiert hatte, geht er weit über das hinaus, was man im Westen normalerweise als Yoga versteht – nämlich das Körpertraining. Dieses stellt die dritte Stufe des Systems dar und gilt als Vorbereitung der Meditation, also als Einstieg in den höheren Yoga. Ein entsprechendes Buch für die Sitzhaltungen (Asana) ist aus dem 15. Jahrhundert überliefert. Hatha-Yoga trainiert Anspannung und Entspannung und macht fähig, längere Zeit in einer Meditationshaltung zu sitzen. Eine Liegehaltung eignet sich wegen der höheren Gefahr des Einschlafens weniger, außerdem soll die Wirbelsäule frei sein. Eine Stunde ganz ruhig zu sitzen ist für einen ungeübten »Westmenschen« schon sehr lang; von indischen Meistern werden tagelange Meditationszeiten berichtet. Aber auch die müssen ihren Körper präparieren.

Die sportliche Funktion der Übungen beruht auf dem Training des Körperbewusstseins und seiner Flexibilität bei gleichzeitiger Stärkung von Muskeln, Sehnen und Bändern. Durch die Dehnung der Muskeln, die bei den Asanas eine wichtige Rolle spielt, wird das in den Muskeln vorhandene verbrauchte Blut hinausgedrückt; bei der jeweils zwischendurch vollzogenen Entspannung fließt frisches sauerstoffreiches Blut zurück und erzeugt ein wohliges Entspannungsgefühl im Muskel. Das Gehirn nimmt das wahr, übernimmt das Gefühl und entspannt sich selber sowie den ganzen Körper.

Die gesundheitliche Funktion des Yoga verdankt sich der Verhinderung von Stress und Stressfolgen. Da ziemlich viele Krankheiten durch Stress ausgelöst bzw. verstärkt werden, sind ein gutes Stressmanagement und die Verhinderung insbesondere des schädlichen Dauerstresses von großem Nutzen.

Die allermeisten Übungen trainieren die Muskeln, die für die Unterstützung der Wirbelsäule wichtig sind. Die Wirbelsäule gilt als Zentralorgan, weil sie sowohl für die Körper- als auch für die Nervenfunktionen relevant ist. Im Hatha-Yoga wird die Vollkommenheit des Körpers angestrebt – und diese besteht in Schönheit, Anmut, Kraft und diamantener Härte.

Der traditionelle Yoga stellt an die 400 Übungen vor, also ein ausdifferenziertes Programm, aus dem man sich bedienen kann. Einzelne Lehrer bzw. verschiedene Schulen gestalten daraus verschiedene Abläufe und auch die Probanden treffen ihre Wahl; auch kann man die Übungen statisch oder dynamisch ausführen. Wenn es auch nicht für alle Lehrer zutrifft, ist doch das Angebot offen und ermöglicht viele Erweiterungen. Die moderne Medizin steht dieser Körpertechnik wohlwollend kritisch zur Seite und kann zur der individuellen Auswahl und Ausführung beratend beitragen.

Interessant ist in diesem Zusammenhang die Gebetspraxis der Muslime; mit drei oder fünf Gebetsserien am Tag halten sie sich ihre Wirbelsäulen flexibel, stabilisieren ihren Blut-Kreislauf und unterstützen ihre Vitalität. »Fromme« Muslime haben damit einen Vorteil gegenüber den anderen; ob diese Tatsache den Gebeten oder Allah verdankt wird, mag individuell verschieden sein.

»Haltung« hat sowohl eine körperliche als auch eine geistige Dimension. Eine auf den ersten Blick erstaunliche Parallele findet sich darin, dass sich Yogis und Soldaten desselben Tricks bedienen, um eine stabile aufrechte Körperhaltung zu erreichen: Durch das Anspannen der Gesäßmuskeln werden die für die Wirbelsäule zuständigen Muskeln aktiviert und das ermöglicht den Soldaten auf längere Zeit die Haltung im Stehen, den Yogis die Haltung im Sitzen. Für die Yogis ist dies der Einstieg in den Kundalini-Yoga, der als Übung für die Gewinnung von körperlicher und geistiger Energie gilt.

Eine von Verspannungen und von Blockierungen freie Wirbelsäule wirkt sich für den Informationsfluss vom Gehirn zum Körper und zurück günstig aus – und im »höheren Yoga« wird es darum gehen, das Körperbewusstsein auszuschalten; und um diese Fähigkeit einzuleiten, ist ein vertrautes Verhältnis mit dem »grobstofflichen« Körper dienlich. Schreibt man über Yoga, so muss man wohl über die Funktion der Wirbelsäule schreiben. Aber was könnte man jemandem sagen, dessen Wirbelsäule defekt ist und der keine Information aus dem Körper bekommt? Ob er lernen kann, in seinem Gehirn »Lichtspiele«, etwa Erleuchtung, zu haben, bin ich überfragt. Vielleicht gibt es Meister mit einschlägiger Erfahrung.

Interessant geht das christliche Denkmuster vor: Der Mensch habe demnach eine Seele – wenn das so wäre, so würde der Körper der Organisator des Lebens sein. Das ist aber unwahrscheinlich, denn der Körper ist in dauerndem Austausch mit der Umwelt und »stoffwechselt« in einem durchschnittlichen Leben plusminus 50 Tonnen externe Substanz an Nahrung, mehr als diese Menge an Wasser und vielleicht viele Millionen Kubikmeter an Luft, bzw. zumindest ihrem Sauerstoffanteil.

Die Yogis meinen eher, dass der »innere Mensch« der Organisator wäre und einen Körper habe; nach westlicher Diktion ist dieser die in den Genomen vorhandene Information, die sich unter dem Einfluss der Umwelt aktuell entwickle. Der Körper gilt als Tempel für den Atman – etwa der Seele. Eine solch schöne und wertschätzende Darstellung entspricht einem positiven Lebensgefühl und kann es auch fördern.

Neben den Unannehmlichkeiten, die ein imperfekter Körper mit sich bringt, brachte die NS-Ideologie durch die Betonung der Eugenik zusätzliches Leid durch die gesellschaftliche Diskriminierung. Behinderung war damit nicht nur unangenehm, sondern auch peinlich. Da ist es schon gut, zwischen sich selbst und seinem Körper etwas Distanz schaffen zu können. Für den, der einen jungen und perfekten Körper hat, mögen diese Gedanken eine wertlose Spielerei sein – im Schadensfall wird die Einstellung dazu aber relevant. Hat der Körper Schmerzen, so ist ihre Aussonderung aus dem Wesen gewiss schwierig; ansonsten braucht man sich nicht den ganzen Tag dadurch verderben lassen, dass einige Stunden des Tages tatsächlich schadensbedingte Probleme bereiten.

Auch die Beobachtung von sich und anderen, dass das Wesen nicht notwendigerweise mit der Alterung des Körpers im

Gleichschritt einhergeht, spricht für die yogische Darstellung und drückt sich aus in dem Satz, man sei so alt wie man sich fühle. Der »innere Mensch« (Atman oder die Seele) scheint alterslos und frei von Behinderungen zu sein.

Nach dieser Sicht, die meditativ auch erfahrbar ist, ist der Körper für die Seele, was die Kleidung für den Körper ist; manchmal wirkt es wohltuend, sich dieser Vorstellung auszusetzen. Ist die Kleidung unpassend, schmutzig oder kaputt, so ist das oft peinlich, denn es macht den Träger zum Außenseiter. Das gleiche Problem gibt es häufig mit einem imperfekten Körper. Gelingt es da, bei sich zu sein, also in seiner Seele zu ruhen, verschwindet die Peinlichkeit; Selbstbewusstsein als Ergebnis von Erfolgen im Leben oder als entsprechende Erfahrung in der Meditation lösen das Dilemma: Der »innere Mensch« ist unberührt vom Mangel und je netter die Gesellschaft ist, desto leichter tut sich der Einzelne.

Eine Behinderung, insbesondere wenn sie erblich ist, wurde im Nationalsozialismus unter dem Blickwinkel der Eugenik beurteilt und verurteilt. Diese diskriminierende Sicht ging auf eine entsprechende Auslegung der Evolutionslehre Charles Darwins zurück und belastete die Personen zusätzlich zu ihrem Problem auch mental; diese Einstellung hat sich in den letzten Jahrzehnten reduziert, ist aber noch nicht ganz verschwunden. Die Übernahme der Vorstellung der Yogalehre ist dagegen wie Balsam für die Seele.

Aber auch die dem Hinduismus als Volksreligion unterworfenen Behinderten in Indien werden vielfach einer sozialen Diskriminierung ausgesetzt; die Behinderung wird als Folge von Missetaten in einem früheren Leben ausgelegt. Auch hier kann sich zumindest der nur körperlich Behinderte durch die Yogalehre mental aus der Diskriminierung lösen, wobei die Eigensicht auch die Außensicht beeinflussen wird.

Hier drängt sich ein Gedanke zur Rolle der Urnatur auf; sie ist nicht das bloße Äquivalent zum Instinkt des Tieres, sondern stellt auch die Kulturfähigkeit des Menschen her. Schlüpft aus dem Mutterschoß etwas, das nicht der Vorstellung von einem normalen Kind entspricht, so wird dies einen Schock auslösen und es wird eine Scheu aufkommen.

Auch wenn Kinder oder auch Erwachsene mit wenig einschlägiger Erfahrung jemanden begegnen, der anders ist als sie, so ist das eine Konfrontation: Die Realität entspricht nicht dem gewohnten Menschenbild. In diesem Fall eine Scheu zu leugnen, würde einem Leben aus der Urnatur nicht entsprechen; da aber niemand vor dem Eintritt von Behinderung, Krankheit und Tod für sich selbst und seine Angehörigen sicher sein kann, kann eine solche Begegnung als Provokation wirken.

Für den verwöhnten und überbehüteten Königssohn Prinz Siddharta waren solche provokativen Erfahrungen der Anlass, sein weiteres Leben der Erforschung des Leids und dessen Überwindung zu widmen – dadurch entstand der Buddhismus. Die griechische Sagenwelt erklärt die Erfindung des Rades damit, dass die Götter dem querschnittgelähmten Halbgott Pelops die Fortbewegung ermöglichen wollten. Peter Mitterhofer erfand ursprünglich für einen blinden Freund die Schreibmaschine, die dann weiterentwickelt wurde. Und Graham Bell, soweit er tatsächlich der Erfinder des Telefons war, brauchte das Urmodell, um mit seiner gehbehinderten Frau besser kommunizieren zu können. Nicht der Krieg ist der Vater aller Dinge, sondern auch Behinderungen haben manche Erfindung ausgelöst.

3. Atmung als Bindeglied zwischen Körper und Geist

Neben den Körperübungen spielen die Atemübungen im Yoga (Stufe IV) eine bedeutende Rolle zur Vorbereitung des Geistes auf dem Weg zum Ziel. Prana ist die Energie und auch der Atem – und Pranayama sind die Atemübungen; im Yoga sind das besondere Formen des Atmens, Atemtechniken eben, die aus großer Varianz von Dauer und Intensität bestehen.

Schon die Normalatmung wird beschrieben: Auf die Ausatmung wird mehr Wert gelegt als auf die Einatmung, die die natürliche Folge der Ausatmung ist. Je besser es gelingt, die Lungen zu leeren, desto erfolgreicher ist die Einatmung. Es werden in den einschlägigen Büchern 50 und mehr Sonderformen beschrieben, die ein Spiel von Einatmung, Ausatmung und Anhalten des Atems darstellen. Das kann man bis an die Grenzen der Bewusstlosigkeit treiben. Temporäre Über- oder Unterversorgung des Gehirns mit Sauerstoff bzw. Kohlendioxid gehören zum Selbstversuch – daraus ergeben sich verschiedene Empfindungen, die es zu beobachten gilt.

Weithin bekannt ist, dass eine ruhige Atmung ein aufgeregtes Gehirn zur Ruhe bringen kann. Aber es ist auch so, dass ein emotionaler Störfall die Atmung in Unruhe versetzt. Die Interdependenz von Atmung und Geist wird hier zum Objekt der Betrachtung gemacht.

Die Atemübungen trainieren aber nicht nur die Aufmerksamkeit, sondern erhöhen auch den Sauerstoffgehalt im Blut und verbessern die Durchblutung des Gehirns, sodass die Menge der betriebsbereiten Neuronen erhöht wird. Von den hundert Milliarden Neuronen, die das menschliche Gehirn ausmachen, ist gewöhnlich nur ein geringer Anteil im Einsatz. Die bessere Versorgung des Gehirns führt zu einer natürlichen wohltuenden Bewusstseinserweiterung.

Manche Drogen wie LSD führen auch zu einer solchen – ihr

Einsatz ist allerdings bekanntermaßen riskant. In den komplexen Bereich der Meditation ist auch das Rauchen einzureihen. Über die Schädlichkeit braucht man nicht zu diskutieren; jeder aber, der das Rauchen aufgibt, verliert auch eine faktische Meditation. Zum Glück sind andere Meditationsformen unschädlich. Die Technik einer ruhigen bewussten Atmung, wie sie häufig bei Rauchern zu beobachten ist, verursacht unabhängig von der Wirkung des Nikotins eine spirituelle Dimension.

In dem Ashram, in dem ich zur Lehre ging, waren täglich eine Stunde Asanas (Körperübungen), eine halbe Stunde Pranayama (Atemübungen) und zweimal eine Stunde Meditation angesagt.

Pranayama ist dabei die Übung, die die gewöhnlichen antrainierten Denkprozesse am meisten aus dem Tritt bringt. Selbst bei diesem moderaten Einsatz gab es Schüler, die so sehr ins Ungleichgewicht kamen, sodass sie tagelang lachten oder weinten oder sonst wie »Ich-verloren« herumliefen. Wegen der Möglichkeit von vorübergehenden Störungen empfiehlt sich für intensives Atemtraining eine geschützte Atmosphäre. Der Sinn der Übung ist, sich selbst und die Welt neu zu sehen und ein neues Ich zu finden – die Meditation soll den für diesen Prozess nötigen Spannungsabbau lehren und entsprechende Informationen über die eigenen subtilen Regungen, Bedürfnisse und Ängste zur Verfügung stellen.

In einigen anderen Schulen, wie in dem Ashram von Bhagwan Rajneesh, gingen die Atem-Übungen über Stunden; das war ein Crash-Kurs für eine Persönlichkeitsumwandlung. Um der daraus entstehenden Überspannung entgegenzuwirken, empfahl Rajneesh die Entspannungstechnik »make love, not war«, wie sie insbesondere auch bei den Bonobos, einer Primatenart, geübt wird (siehe später). Buddhistische Lehrtechniken verzichten im Allgemeinen überhaupt auf stimulierenden Einsatz des Atems und nutzen ihn nur als Tranquilizer.

4. Die Aufmerksamkeit der Sinnesorgane nach innen richten

So wie jemand, der noch nie in den Tropen Bananen oder Mangos gegessen hat, sich den Geschmack der reifen Früchte nicht vorstellen kann, ist auch die Vorstellung, man könnte den Blick ins Innere des Körpers richten, schwer zu verstehen. Patanjali hat sein Buch so geschrieben, wie ein Kochbuch geschrieben wird: Am ehesten hat der Leser etwas davon, wenn er mit der Lektüre auch eine entsprechende Praxis ausübt. Trotz der Schwierigkeiten, die ich Ihnen als Leser damit bereiten könnte, muss ich diesen Übergang zum höheren Yoga namens Pratyahara (Stufe V) zumindest erwähnen, um damit die Verständnisschwierigkeiten für die Stufen VI, VII und VIII vorwegzunehmen und aufzulösen.

Ich habe außer an meiner Dienststelle auch an einer Volkshochschule einige Jahre Yoga unterrichtet; Körper-, Atemübungen und auch Meditation. Einer der eifrigeren Schüler kam eines Tages zu mir und erzählte entsetzt, dass er so etwas wie sein Gehirn gesehen habe. Er hatte keine Vorinformation, dass so etwas auftreten könnte, und war verstört. Ich habe nicht mit einem so schnellen Erfolg gerechnet – und er beruhigte sich Gott sei Dank sehr schnell, als ich ihm sagen konnte, das wäre ganz normal und ein guter Fortschritt.

In meiner indischen Yogaschule übten wir, Herz, Hirn, Magen und vor allem die Wirbelsäule als Lichterscheinungen zu sehen – sie sind meist grau leuchtend. Große Yogis sehen diese Dinge deutlicher; wichtig ist die Fähigkeit zur Innenschau als die Stimulation und Beobachtung der Gehirnfunktionen. Mit diesem Training fördert man die Fähigkeit des Gehirns, »Erleuchtung« zu haben – die als Erlebnis eines hellen Lichts auftritt.

Im Gegensatz zu meinem Schüler, für den dieses Sichterlebnis mit Sicherheit keine Vorstellung war, wusste ich um diese Möglichkeit. So war ich beim ersten Auftreten eines solchen Bilderlebnisses – es war das Herz – nicht sicher, ob es sich dabei nicht nur um eine Vorstellung bzw. eine Einbildung handle; darüber konnte ich durch weiteres Üben Klarheit schaffen.

Im Yoga ist es wichtig, Vorstellung und Einbildung von der Wirklichkeit unterscheiden zu können. Dabei sind aber Vorstellungen durchaus im Repertoire vorgesehen. Man sucht etwa in seinem Leben die Erinnerung an einen Ort oder ein Erlebnis, an dem man absolut und ungetrübt glücklich war. Diese Erinnerung kultiviert man, sodass man sie in schwierigen Situationen als »Himmelsvision« nützen kann. Diese Erinnerung wirkt auch dann stresslösend, wenn man sie als Vorstellung einstuft. Das weist darauf hin, wie wirksam ein »echter Himmelsglaube« sein wird. Jedenfalls soll das Training mit Vorstellungen die Immunität gegenüber eigenen Einbildungen und fremden Ideologien stärken.

Erlebnisse der »inneren Schau« können auch spontan auftreten; das Pfingsterlebnis wurde häufig so dargestellt, dass über den Köpfen der Apostel kleine Flämmchen gemalt wurden. Und die mittelalterliche Mystikerin Teresa von Avila hatte diese Lichterscheinungen schon als Kind, wie sie in ihrer Autobiografie berichtet.

Durch die Konzentration auf das »Stirnzentrum« gelingt es nach einiger Übung doch ziemlich vielen Yoga-Schülern, einen diffusen Lichtfleck auf der Stirn zu sehen; dieses Licht klein, scharf und gleißend zu machen, bedarf aber dann schon einer massiven Übung. Diese Technik schaut natürlich aus wie ein Spiel, ist aber ein »Basistraining« für das Gehirn. So wie beim Lesen der Blindenschrift die Empfindungen auf der Fingerkuppe ins Sehzentrum übertragen und dort gedeutet werden, »sieht« man auch die jeweiligen Organempfindungen im Gehirn.

Aufgrund meiner Blindheit sind die Innenschau und die Optimierung der Fähigkeit, mir eine Vorstellung des Weges, den ich gehen will, im Sehzentrum einzurichten, von praktischer Bedeutung. Nach diesem Bild orientiere ich mich dann. Dadurch, dass diese Vorstellung sehr häufig unzulänglich ist, erinnert mich das an Patanjali, der sich nicht nur gegenüber der Vorstellung, sondern auch gegen Wissen und Erinnerung skeptisch zeigte, und die Skepsis scheint begründet zu sein. In seiner Zeit, wo es noch kein »wissenschaftlich gesichertes« Wissen gab, nahm das Wissen von sich und von der Beziehung zu den anderen einen verhältnismäßig viel größeren Raum ein als heute; und gerade dieses Wissen ist wohl kaum besser geworden.

So ist die Kurzsichtigkeit, die so leicht unbemerkt bleibt, gewiss die größte Herausforderung für die gesellschaftspolitischen Entscheidungen. Diese sind dominiert vom wirtschaftlichen Überlebenskampf. Dass sich Europa auf die derzeitige Form von Globalisierung als Spielvariante selbst eingelassen hat, ist tragisch; denn die aktuelle ist nicht die einzig mögliche und jedenfalls nicht die beste Lebensform. Sie wird nur von den Nutznießern propagiert; und die Systemgläubigkeit der Systemverantwortlichen macht sie blind. Ich musste lernen, mich in einer für mich unsichtbaren Welt zurechtzufinden; und ich erschrecke vor der Systemgläubigkeit vieler Entscheidungsträger, die das Fahren auf Sicht vernachlässigen.

Die Aufklärung westlichen Stils hat eine unendliche Fülle objektiven Wissens hervorgebracht; es mangelt aber an der Spiritualität, um dieses Wissen vernünftig und verantwortungsbewusst einzusetzen. Ob ein Wissen richtig ist, ist bloß die eine Seite – viel wichtiger ist, es richtig anzuwenden. Die Welt ist von Augenblick zu Augenblick neu und wir sollten versuchen, aus der Situation heraus sowohl altes als auch neues Wissen, eigene sowie fremde Erfahrungen in Einsatz zu bringen; dies spontan oder überhaupt zu können, hängt von der Fähigkeit der Neuronen ab, sich bedarfsgerecht optimal zu vernetzen.

In dem Buch »Damit das Denken Sinn bekommt« (siehe Literaturhinweise) setzen sich die Autoren damit auseinander, wie sich Spiritualität und Wissenschaft in Europa auseinandergelebt haben und als Ergebnis unsere Zivilisation entstanden ist. Die Autoren spielen in der obersten Liga der deutschen Gehirnforschung – einer geht so weit, unsere – also die westliche – Zivilisation als eine Krankheit zu bezeichnen, die durch Erziehung geheilt werden könnte.

Die bisherige Aufklärung hat nur das Denken propagiert und den Wert des Empfindens als zweiten Pfeiler der Erkenntnis vernachlässigt. Richtige Entscheidungen bedürfen nicht nur der Vernunft, sondern auch der Sensibilität für die Wahrnehmung. Um diesen Mangel wiedergutzumachen, haben die Gehirnforscher eine große Aufgabe vor sich, denn das Überleben von Mensch und Natur bedarf einer tauglichen Ethik. Diese zu finden und zu propagieren, ergäbe Sinn; das Wissen um die Gehirnfunktionen sollte dafür hilfreich sein.

Im »instrumentellen Denken« versucht der Mensch, Wege für die Erfüllung seiner Wünsche zu erdenken; im »kognitiven Denken« oder in der »rekursiven Schau« überprüft er auch seine Wünsche und Ängste auf ihre Relevanz, um mit sich selber und mit seiner Umwelt widerspruchsfreier leben zu können.

Ethische Fragen etwa werden vor allem im Stirnhirn, in dem sich die entsprechende Steuerfunktion befindet, beantwortet. Für die Yogis stellt die Stirn einen wichtigen Konzentrationspunkt dar; aber auch in der westlichen Kultur gibt es einen interessanten Ansatz: Das Wort »engstirnig« ist schon lange bevor die moderne Wissenschaft diese Funktion lokalisiert hat, entstanden – ist die Entstehung eines solchen Wortes Zufall oder Intuition oder gab es früher auch in Europa mehr Erfahrungen dieser Art?

5. Muskelentspannung nach Jacobsen und Autogenes Training

Der US-Amerikaner E. Jacobson hat den Aspekt der entspannenden Wirkung der Asanas zu seiner Methode der Progressiven Muskelentspannung (PME) umgeformt. Die Anspannung einzelner Muskeln und darauffolgende Entspannung führen zu einer insgesamt entspannten Muskulatur und letztlich übernimmt der Geist dieses Gefühl. Der Vorteil ist, dass diese Methode fast überall anwendbar ist. Wann immer man die »seelisch-geistigen Vorgänge zur Ruhe gebracht hat«, findet ein Neustart der Wahrnehmung statt, was sich als vorteilhaft erweist.

Will man sich nicht darauf einlassen, die höheren Stufen des Yoga zu betreten, und sieht man die Yoga-Philosophie wegen ihrer Fremdheit als Ballast oder will man seine in Europa tradierte Denkweise nicht infrage stellen, so kann man sich als Erweiterung der in Europa bereits anerkannten Yoga-Körpertechnik mit autogenem Training als Ersatz der Meditation begnügen.

Das sogenannte »autogene Training (AT)« wurde bewusst als europäisierte Form des Yoga vom Berliner Psychiater J. H. Schultz entwickelt. Man will dabei innerhalb seines kulturell vorgegebenen Rahmens bleiben. Der Übende behält sich die Herrschaft über seinen Geist und verzichtet auf die Auseinandersetzung in einer fremden Kultur; das Abenteuer mit dem Unbewussten aber bleibt.

Das Unbewusste besteht aus den vergessenen und den verdrängten Eindrücken sowie den nicht bewusst gewordenen Sehnsüchten und Ängsten des Menschen. Da aber die Prozesssteuerung nicht mechanistisch exakt funktioniert, kann man nur von Wahrscheinlichkeit sprechen. Denn allemal wirkt die Technik – also der Vollzug der Übungen – und der Glaube an das System ist nur insofern erforderlich, als er die Handlungsmotivation geben muss. Die Übung des Autogenen Trainings in seiner eigenen Umgebung wird jedenfalls eine moderatere Umstellung erwarten lassen als ein Ausflug in ein Ashram in Indien.

6. Glauben oder Erfahrung

Im Yoga ist die Methode vorgegeben, das Ergebnis ist offen. Das zu realisieren, bedeutet für die Aspiranten, die in einer Glaubensreligion aufgewachsen sind, eine Überraschung; die Freiheit ist aber natürlich für aufgeklärte Geister durchaus verlockend und wohltuend.

Dazu: Ein Mönch aus Tibet hielt einen Vortrag über die Philosophie des Mantras »AUM-mane-padme-hum«. Wenn auch die Emotionen im Gehirn entstehen, so fühlt man sie vielfach in seinem Herzen. Das Mantra heißt »Kristall in der Lotusblüte des Herzens«. Im Übrigen kultivieren die griechisch-orthodoxen Mönche auf dem Berg Athos auch eine Herz-Jesu-Meditation.

Der Vortrag war ziemlich kompliziert – und als der Mönch nach etwa einer Stunde fertig war, lachte er und sagte: »Auch wenn Sie das alles nicht glauben … zumindest ist das Rezitieren dieses Mantras eine gute Herzmassage« (sie versetzt den Brustraum in Vibration). Wer Wissen durch Erfahrung gewonnen hat, freut sich zwar auch über Mitwissende und Gleichdenkende; er fühlt sich aber durch Zweifler nicht so bedroht wie der, der seine Einstellung oder sogar seine Weltanschauung auf dem Glaubensweg erlangt hat. Das Wissen aus Erfahrung bedarf nicht des Mitglaubens der anderen.

Eine gläubige Teilnahme an religiösen Veranstaltungen kann Glücksgefühle auslösen. Physiologisch gesprochen sind es insbesondere die Hormone Dopamin und das Wohlfühlhormon Oxytocin. Meister Eckehard erklärte sein Beten und Fasten damit, dass auf diese Weise Christus in ihm wiedergeboren würde – ein Zustand höchster Freude. Man muss aber die Erwartungen an glaubensbedingte Erfahrungen nicht zu hoch ansetzen und gleich ein dauerhaftes Glücksgefühl erwarten, das zufällig auftreten oder durch Meditation, Gebet bzw. Teilnahme an Ritualen erzeugt werden kann und unter Verwendung eines religiösen Sprachgebrauchs als »göttlich« bezeichnet wird. Im Normalfall wird man schon angenehme Entspannungs- bzw. Glücksgefühle als religiös bedingt annehmen, wenn sie während oder durch religiöse Rituale entstehen.

Auch Gläubigkeit ist eine Technik, die durchaus Problemlösungen herbeiführen kann; sie aktiviert aber nur einen kleineren Funktionsbereich des Gehirns, als durch Spiritualität erreicht werden kann. Gläubigkeit und Spiritualität als Faktoren von Religionen erscheinen durchaus verschieden. Sie können einander ergänzen oder behindern; gut ist, beides zu verstehen. Dem Einzelnen mag das eine oder das andere besser gefallen; für das menschliche Gemeinschaftsleben ist jedenfalls eine optimale Geistestechnik wünschenswert. Gläubigkeit ist im psychischen Bereich wirksam; Spiritualität ist Erkenntnistechnik und ist für alle geistigen Funktionen einsetzbar.

Das religiöse Bewusstsein in der jeweils kulturbedingten Version umhüllt die Herzen der Gläubigen in einer Wolke des Wohlbefindens. Für die Christen bildet zumindest das Neue Testament – und zum Teil auch das Alte Testament – diesen Raum, in dem man sich daheim fühlt. Angesichts der begonnenen Völkerwanderung zeigt sich allerdings der Unterschied zwischen dem Pradies »christliches Abendland« einerseits und christliche Religion andererseits; es ist gewiss angenehmer, das christliche Abendland zu verteidigen als der Christuslehre zu folgen; die mit dem von Franz von Asisiinitionalisierte mit dem Krippenspiel verbundene Herbergssuche ist zur Provokation geworden.

Als Basis für die Volksreligion Indiens dienen unter anderen die Mahabharata und die Ramayana – diese sind wie die Bibel oder andere große Nationalepen Geschichtsmythen und sind die Quelle von Ethik und Weisheit. Im Abstand von einigen Jahren werden sie in Indien als Fernsehfilme gezeigt und ihre vielen Folgen wirken als Straßenfeger. Ich habe noch nie gehört, dass ein Yogameister seine Aspiranten aufgefordert hätte, den Glauben zu wechseln – man hätte genug damit zu tun, die jeweiligen Glaubensinhalte zu verstehen. Mahatma Gandhi zog den Vergleich von der eigenen Religion mit der eigenen Mutter heran; man halte sie für die beste.

In der westlich aufgeklärten Welt ist Spiritualität ein wenig geübter und selten auftretender Zustand des Geistes. Die Spiritualität erscheint als Doppelfunktion als gleichzeitiges Auftreten von Sensibilität und Rationalität, das bewusst wahrgenommen wird. Dabei kann man den Geisteszustand, sich mit der ganzen Welt in Einheit zu fühlen, theoretisch über seine beiden Komponenten ansteuern. Der Weg über die Liebe zu Gott, wie er im Christentum vorgesehen ist, ist uns im Westen aber heute wegen unserer »aufgeklärten« Grundhaltung und der verbreiteten stressigen Lebensführung ziemlich verschlossen.

Das Ziel der Yoga-Technik ist es, im Aspiranten durch die Meditation den Bewusstseinszustand der Spiritualität hervorzurufen; das ist eine Dimension, in der das aktive Denken zugunsten der Beobachtung des Denkens reduziert und damit dem Empfinden gleichgestellt wird. Es entspricht einer anderen Qualität. In den Religionen wie Christentum oder Islam ist ein tiefer Glauben die glückserzeugende Technik, sich mit Gott in Einheit zu fühlen; bei den Techniken wie Yoga oder Buddhismus, die Erlebnisse auslösen wollen, führt »rechte Achtsamkeit« zum Gefühl der Einheit, sich also mit der Welt in Einheit und Verbundenheit zu spüren.

Die Spiritualität ist sowohl ein Filter als auch ein Relais zwischen Gefühlen und Rationalität und damit eine Instanz der Ethik. Gibt es keinen Filter und die Emotionen, Wünsche oder Ängste fließen gleich in das instrumentelle Denken, wozu Rationalität häufig verwendet wird, kann es zu Verwerfungen anderswo kommen.

Dabei geht es nicht darum, ob die Sensibilität oder die Rationalität wichtiger wäre; es geht darum, dass der jeweils geringer ausgestattete Prozess die Qualität des individuellen und gesellschaftlichen Lebens vorgibt. Nach der Aussage des Psychiaters Viktor Frankl hat seine Fähigkeit zur kontemplativen Schau zu seinem Überleben im Konzentrationslager – also unter besonders schwierigen Verhältnissen – wesentlich beigetragen.

Aktives Denken und kontemplative Schau sind zwei verschiedene Hirnfunktionen; der Unterschied ist in einem einfachen

Test auszumachen. Beim Laufen auf einer Landstrecke kann man versuchen, Rechenaufgaben zu lösen, die einem normalerweise leicht fallen; der Rhythmus der Laufbewegung stört das konsekutive Denken und behindert die Lösung der gestellten Aufgaben. Das Gehirn bleibt aber in Funktion, und so treten die kontemplative Schau und damit das Auftreten von Ideen in den Vordergrund. Von diesen Ideen werden einige auch gut sein; die nachträgliche rationale Prüfung wird darüber entscheiden. Ähnlich ist es bei der Musik: Der Rhythmus stört das konsekutive Denken und die Melodie fördert die Sensibilität. Die Trommelschläge vor einer Hinrichtung sind ein Gnadenakt für den zum Tod Verurteilten, weil sie ihm das konsekutive Denken verunmöglichen – wenn die hinrichtende Behörde diese Gnade nicht gewährt, wird sie allenfalls von Mitgefangenen zur Verfügung gestellt, indem sie auf die Zellentüren schlagen.

Da auch echte Gläubigkeit Spiritualität einleiten kann, führen auch tiefer Glauben und andächtig verbrachte Zeit zum Ziel. Auf einem jeweils hohen geistigen Niveau hört der durch die Auslöseformen entstehende Widerspruch, der zu Anfang tatsächlich besteht, auf; etliche christliche Gläubige können widerspruchsfrei mit der Rationalität leben und die Qualität der Spiritualität trotzdem genießen. Das Auftreten der Spiritualität ist ein so hervorragendes Gefühl, dass die sie auslösende Ursache überschätzt wahrgenommen wird; wie in der Liebe verschmilzt der Partner oder die Partnerin kritiklos in diesem wunderbaren Gefühl; es ist die Liebe oder die Spiritualität, die das Paradies erzeugt; die konkrete Ursache wird als wesentlich wahrgenommen, sie ist aber nur der Auslöser.

Ist jemand sensibel genug, die anstehenden Belastungen der Menschen mit der Welt als schwerwiegend zu erkennen, werden sich für ihn einige weitere Vor- und einige Lösungsfragen ergeben. Ich konstatiere als Ursache die Unfähigkeit der westlichen Kultur, in der Spiritualität die Vereinigung von Denken und Fühlen in eine harmonische Kooperation zu bringen.

Wenn das stimmt, stellt sich die Frage, ob nicht die euroamerikanische Alkoholkultur einen zu einfachen Kippschalter anbietet, der die Gehirnfunktionen von rationalem Denken und gemütlicher Hirnfunktion ohne den Umweg von Spiritualität ermöglicht. Der Beweis lässt sich nicht einfach erbringen, denn auch der der Abstinenz verpflichtete Islam löst seine schwerwiegenden Probleme – nämlich das friedliche Zusammenleben – nicht. Man könnte andenken, dass eine Glaubenskultur sowie eine Alkoholkultur ähnlich leichtfertigen und unzureichenden Lösungsstrategien anheimfallen und sich mit diesen zufrieden geben. Gläubigkeit hat immerhin den Vorteil, dass aus ihr Spiritualität entstehen kann.

Meine Gläubigkeit scheiterte erstmals, als ich zehn Jahre alt war, an einem Widerspruch, den ich nicht auflösen konnte. Ich war Ministrant und liebte die zur Ehre Gottes so schön gestaltete Kirche und die Mystik des Gottesdienstes. Um uns Ministranten zu disziplinieren, wies der Pfarrer auf die Existenz Gottes im Tabernakel hin.

Ich kannte den Altar auch von hinten und das hinter ihm gelagerte Gerümpel. Da ich Gott auch in der Form von Brot und Wein die Fähigkeit, rundumzuschauen, zutraute, musste ich zumindest einen meiner Glaubensinhalte in Zweifel ziehen; entweder war die Kirche nicht für Gott so schön gestaltet oder es war mit der Rundumsicht Gottes nicht so weit her. Immerhin lernte ich als Ministrant den Geisteszustand Spiritualität kennen und schätzen, was mir später beim Meditationstraining von Nutzen war.

So kommt mir das katholische Ostergefühl häufig ins Bewusstsein und das Lied »Großer Gott wir loben Dich« auf die Lippen, wenn ich mich ohne aktuellen Anlass glücklich fühle. Wenn das Glücksgefühl allerdings konkret ausgelöst wird, wird es durch den Anlass übertönt. Aber auch das indische Mantra, das mir mein Guru anlässlich meiner Lehrerausbildung gab und das ich Zehntausende Male zu rezitieren hatte, taucht bei einem spontan auftretenden Glücksgefühl auf. In umgekehrter Kausalität kann ich mir bei Bedarf auch ein Glücksgefühl oder zumindest eine gelassene Stimmung erzeugen und so einer miesen Stimmung bzw. unangenehmen Situationen gegenwirken – also ein Fall von Konditionierung.

Ein ähnlicher Widerspruchsfall wie beim alles sehenden und doch nichts sehenden in Brotgestalt auftretenden Gott tritt mit der sogenannten Theodizee-Frage auf: Wie kann der allmächtige und allgütige Gott so viel Leid auf der Welt zulassen? Als Reaktion auf diese schwer zu beantwortende Frage kann man sich in seinen Glauben zurückziehen, resignieren und die Frage offen lassen; man kann auch Agnostiker oder Atheist werden oder sich eine andere Gottesvorstellung aneignen. Ich komme mit dem Pantheismus der gebildeten Inder gut zurecht. Dieser hat den Vorteil, dass er von der homozentrischen Gottessicht befreit, dass er nationalistische und religiöse Alleinvertretungsansprüche erschwert und auch den absoluten Unterschied zwischen Mensch und Tier auflöst und damit der naturwissenschaftlichen Erkenntnislage gerecht wird.

Was wir im Westen »Pantheismus« nennen, wird in der indischen Philosophie die Lehre von der »Nicht-Zweiheit« (in Sanskrit »advaita«) genannt; sie geht davon aus, dass es nur eine Wirklichkeit gibt, also nicht eine Gotteswelt und eine Menschenwelt. Mit der Diskussion über die Qualität Christi berühren sogar die christlichen Theologen den Gedanken der Verbundenheit von Gott und Mensch.

Es gibt allerdings verschiedene Betrachtungsweisen, die es auseinanderzuhalten gilt. Wenn ich meine Yoga-Stunden mit einer Meditation beendete, wies ich meine Schüler darauf hin, dass sie fürs Heimfahren die Betrachtungsweise der Meditation ablegen und die des Autofahrers annehmen sollen. Dafür empfahl ich etwa, rund ums Auto zu gehen und Lichter und Reifen zu kontrollieren. Damit reagierte ich auf die Information von Unfällen nach Yoga-Stunden einer anderen Schule.

In Indien ist neben dem Jnana-Yoga, dem Erkenntnisweg, Bhakti-Yoga eine rituelle Praxis, der Sehnsucht der Seele nach der kosmischen Einheit durch Liebe zu Gott Raum zu geben. Dies entspricht einigen Religionen im Allgemeinen – der Hauptaspekt ist Freude, ein Nebenaspekt kann Erkenntnis sein und Kreativität. Der aufgeklärte Mensch kann dieser Sehnsucht, die er offensichtlich auch hat, so kaum gerecht werden. Er muss andere Wege suchen – großes Wissen ist für das Lebensglück der Menschen nicht so entscheidend, ausschlaggebend ist vielmehr ausreichendes Bewusstsein.

Die Yogis, die aus etlichen Gründen nur eine Minderheit darstellen, gehen mehrheitlich den Weg zur Spiritualität durch Wissenserwerb, nicht über die Mystik wie die Religionen; für sie ist Freude ein Nebenaspekt. Wenn es gelingt, ist es wahrscheinlich ziemlich gleich, was Haupt- und Nebenaspekt ist. Die Yogis versuchen durch Konzentration auf die eigenen Körper- und Geistesfunktionen diese zu verstehen; wegen der Parallelität dieser Funktionen bei anderen Menschen und eingeschränkt auch bei Tieren verbessert sich auch das Verständnis für diese.

Dabei kann Rationalität in einer eindimensionalen Form die Empfindsamkeit behindern. Ein harter Rationalismus als einzige Geisteshaltung sowie die Lebensgestaltung aufgrund reiner Emotionalität sind nicht sonderlich günstig; und entsprechend dem Yogaprogramm sollte man sich mit keinem der beiden Extreme begnügen.

Mystische Erlebnisse als mögliches Gegenprogramm gegen diese »Trennkost« entstehen spontan eher sozusagen bei Nacht und Nebel oder bei sonstiger großer Unsicherheit. In der modernen Lebenswelt findet eine Begegnung mit absoluter Dunkelheit aber kaum statt, sodass das Auftreten spontaner mystischer Erlebnisse heutzutage nicht oft zu erwarten ist. Erkenntnishilfen wie Alkohol und Drogen führen maximal ins »Vorzimmer« der Spiritualität und werden von der Mehrzahl der Yogis abgelehnt.

Gesteuerte Meditation wird auch durch gewisse Hilfsmittel wie Kerzenlicht, Weihrauch bzw. Räucherstäbchen und Sonnenuntergänge unterstützt, findet aber auch durchaus mit geöffneten Augen statt. Wissen an sich stört nicht; ich habe auch noch nie gehört, dass gynäkologisches Wissen die Freude an der Sexualität behindert hätte. Das Wissen übers Denken und Empfinden stimuliert und unterstützt die Meditation eher als dass es sie stört und fördert sowohl die Denk- als auch Empfindungspotenziale.

Für die Optimierung des komplexen Verhältnisses des Menschen mit der Welt dienen auch die Mythen, in denen oft alte Einsichten verpackt sind; als Zusatzprogramm zur bisher in Europa geübten Aufklärung braucht es auch die Mystik, um die Weisheit aus den alten Geschichten herauslesen zu können. Auch in indischen Yogakreisen wird die Mystik als Einstiegshilfe verwendet; später wandelt sich das Gefühl des Geheimnisvollen des Lebens in das Gefühl des Wunderbaren. Religion ist in Mythen dargestellte Erfahrung; sie zu enthüllen, ist für einige Leute spannend.

Glauben ist die Fähigkeit, nicht nur eigene Erfahrungen, sondern auch übernommene Vorstellungen zu internalisieren, sie in Einbildung zu wandeln und sie für Wissen zu halten. Wer nun trotz dieser Gläubigkeit und Askese das Ziel der »Gotteserfahrung« oder Seligkeit – zumindest aber ein geglücktes Leben – nicht erreicht, kann die Schuld für dieses eigene Defizit auch bei den »Ungläubigen« suchen und die eigene Unzulänglichkeit im anderen bekämpfen; die Ungläubigen sind es demnach nämlich, die Gott davon abhalten, schon hier auf der Erde ein Paradies zu errichten. Der Unglauben der anderen gefährdet die Sicherheit des Gläubigen.

Aus der Befürchtung, die eigene Religion sei auf Sand gebaut, ergibt sich die subjektive Notwendigkeit, andere Glaubensinhalte zu unterdrücken und nicht aufkommen zu lassen. Der Chemiker hat kein Problem damit, wenn ich ihm nicht glaube, dass Wasser aus den Elementen Wasserstoff und Sauerstoff besteht; hingegen ist es schwierig, aus einem Konstrukt an Gefühlen materielle Ableitungen zu machen; ein Luftschloss kann man nicht mit materiellen Möbeln einrichten.

Für das Verständnis von religiösem Fundamentalismus ist diese Einsicht hilfreich. Die Parole »Gott ist auf unserer Seite« ist aktuell und birgt Sprengstoff in sich.

In jeder Kultur – und mag sie noch so modern erscheinen– schwingt die Vergangenheit mit und ist so in der entsprechenden Religion verwurzelt. Ist man mit der aktuellen Kultur nicht zufrieden und will sie ändern, wird man sich mit der Religion auseinandersetzen müssen, um ihre positiven Aspekte wirksam werden zu lassen und ihre negativen Aspekte nicht wie unverdauliche Steine im Magen liegen zu haben.

Spiritualität ist das Relais zwischen Kultur und Religion; Meditation ist ein Versuch, sie zu erleben; sie ist der für das Verständnis der Religionen passendste Schlüssel. Und ohne Verständnis der Religionen werden wir auch die Kulturen nur schicksalhaft erleben und nicht optimieren können.

In der Theorie lassen sich zwei Prozesse unterscheiden, die entsprechende Gottesvorstellungen entstehen lassen. Der eine ist ein psychologischer – dieser spiegelt menschliche Charakterzüge und Verhaltensweisen in die transzendentale Welt.

Der Olymp des klassischen Griechenlands stellte ein Typencluster menschlicher Charakterzüge dar: So wie Führungskräfte in der Welt – jedenfalls in nicht-demokratischen Systemen – häufig als potente Liebhaber erscheinen, wurde auch dem Chefgott Zeus die Rolle als »Womanizer« zugeschrieben. Der Pallas Athene hingegen wurde die Weisheit zugedacht. Offensichtlich und vielleicht nicht ganz zufällig fällt auch in der vielfältigen Götterwelt des Hinduismus die Weisheit einer Göttin, nämlich der Sarasvati, zu.

Aber auch im Katholizismus taucht die Mutter Jesu, Maria, als weise Ratgeberin auf; als »Himmelskönigin« wurden ihr vom Volk hohe Qualitäten zugetraut. Allerdings ist das nach der eigenen Theologie irgendwie systemwidrig, zeigt aber doch die Sehnsucht der Menschen nach weiblicher Weisheit und Güte.

Trotz so weitgehender Akzeptanz der weiblichen Weisheit durch die christliche Mystik ergibt sich die schwer beantwortbare Frage: Warum hält sich das Patriarchat so hartnäckig am Leben? Bei Religionen, die auch Hauptrollen weiblich besetzen und daran erinnern, dass Frauen eigenständig empfindungs-, denk- und weisheitsfähig sind, bleibt diese Erinnerung häufig unfruchtbar. Der Islam versucht erst gar nicht, weibliche Gestaltungswünsche in die gesellschaftlichen Entscheidungen einzubringen. Die in dieser Religion genannte Qualifikation Gottes als abstrakte Größe hat zwar einiges für sich; da man Frauen aber als Interpreten nicht zulässt, sind die männlichen Interpretationen natürlich dominant. Macht es einen Unterschied, dass im Vorzimmer Gottes Maria sitzt und im Vorzimmer Allahs Mohammed?

Mein Guru bekannte sich zu der auf Sarasvati hin orientierten Yogarichtung, die Weisheit anstrebt. Die buddhistischen Mönche Tibets gehen noch einen Schritt weiter und nennen sich »Lama«, und das heißt »Mutter«. Ob diese Eigenbezeichnung andeutet, dass sie die weibliche Weisheit statt der männlichen anstreben oder nur zusätzlich zu dieser, weiß ich nicht. Es wäre hier unangemessen, einen Weisheitswettbewerb zwischen Männern und Frauen zu initialisieren; Männer, die aber weibliche Denk- und Empfindungsaspekte zu erreichen suchen, gewinnen allemal.

Wegen der subjektiven Erkenntnistechnik des Yoga lassen sich von dieser Seite her keine Aussagen über eine verschiedene oder gleiche Grundausstattung für Weisheit von Männern und Frauen erkennen; wichtig jedenfalls ist das Nutzungsspektrum, das vom Wesen der Menschen abhängt. Zwar reicht das Wesen männlich programmierter Frauen weit in die männliche Sphäre und fürsorglich programmierter Männer in die weibliche Sphäre hinein; es wäre aber absurd zu behaupten, es gäbe keine männliche bzw. weibliche Wesenhaftigkeit.

Eine wesentliche Schwierigkeit, die Zirkelkausalität, die zu Gewalt führt, zu überwinden, besteht im verbreiteten privaten Bedürfnis der Frauen, heldenhafte Männer zu bevorzugen – oder trügt das Filmklischee? Wie soll sich nun ein Mann ausrichten? Soll er ein Held sein, um von den Frauen geliebt zu werden, oder soll er sich dem Lebensschema der Frauen anpassen und Fürsorglichkeit zeigen?

Ein deutlicher Aspekt der männlichen Psyche ist ein größeres Bedürfnis nach Abenteuer und Eroberung; für die weibliche Psyche wird durchschnittlich die Erhaltungsfunktion wichtiger sein. Spätestens nach der Erfindung der Atombombe und der Gen-Manipulation ist das Risiko des Lebens und Überlebens so groß geworden, dass das männliche Risikospiel gegenüber dem weiblichen Erhaltungsstreben an Wert eingebüßt hat. Die europäische Aufklärung scheint an ihrer Risikofreudigkeit gemessen eher männlich dominiert zu sein.

Individuelle Risiken wie Krankheitsfälle und früher Tod sind im räumlich und zeitlich nahen Wirkkreis der Aufklärung zwar weniger geworden; für den ihr entsprechenden peripheren Bereich unserer Kultur gilt das allerdings nicht und deren Gefahrenpotenziale ziehen uns mit hinein. In der Menschheitsgeschichte hat es immer Abenteurer gegeben, die den Fortschritt vorangetrieben haben; aber das waren einzelne Persönlichkeiten oder kleinere Gruppen. Wäre Columbus von seiner Suche des Seewegs nach Indien nicht zurückgekommen, hätte das kein großes Unglück bedeutet; die moderne Abenteuerkultur wie die Nutzung der Atomenergie, die massive Ausbeutung der Bodenschätze oder die Genmanipulation ziehen hingegen große Teileinheiten der Welt mit ins Risiko.

Neben dem psychologisch ausgerichteten Zugang zu einer Gottesvorstellung gibt es auch einen philosophischen – nämlich die Antwort auf die Frage nach dem Urgrund des Seins. Alles, was existiert, könnte einen gemeinsamen Urgrund haben; dieser Idee sinnen und forschen auch die Physiker nach. Die Religionen mit einem Ein-Gott-Glauben vertreten seit Langem diese Idee; die Physiker forschen daran, sie zu ergründen.

Das Instrument der Rationalität reicht aus Systemgründen jedenfalls nicht aus, einen Gottesbeweis zu finden; es kann nur bei einem Indiz bleiben. Die Sensibilität ermöglicht es manchen, so tiefgründige Freude zu erleben, sodass diese Freude – Seligkeit also – als »göttlich« erklärt wird. Mit dem Widerspruch gilt es zu leben.

Aus den von der Aufklärung beeinflussten Kulturräumen ist die Glaubensdominanz gewichen und die entsprechende Religion hat nur noch einen geringen Einfluss – die Religion treibt weder das Gute noch das Böse in ein Extrem. Eine Auseinandersetzung mit ihr wäre aus Sicht des Soziologen gar nicht so wichtig; da es aber im Islam so etwas wie eine Glaubensexplosion gibt, ist eine Grundlagenforschung über Gläubigkeit von großer Wichtigkeit. Wenn man nicht Islamexperte ist, kann man sich mit dem Phänomen Gläubigkeit auch in der eigenen Religion annähern, um dann für das Verständnis des Islams auch schon ein gewisses Vorwissen zu haben.

Einem Gott, der durch Glauben realisiert wurde, hängt das Stigma seiner Entstehung an, sodass viele Gläubige meinen, dass ihr Gott nur denen hilft und diese unterstützt, die auch an ihn glauben. Diese gedachte Privilegierung kann leicht zu dem Gefühl führen, auserwählt zu sein. Wenn man es denkt, kann daraus Überheblichkeit werden; wenn man es auch sagt, weckt es den Neid der anderen mit unangenehmen Folgen. Wettbewerb der Völker oder Religionen war bisher nicht sonderlich friedensfördernd.

Um den vielen Ansprüchen an eine Religion zu entsprechen, haben die Christen ein komplexes Modell entwickelt, das aber allerdings manchen wiederum zu kompliziert ist und abschreckend wirkt. Das christliche Modell der Dreifaltigkeit Gottes ist ein Produkt qualifizierter Denkarbeit; es ist ein Ergebnis der Wahrnehmung der Vielfalt menschlicher Denkprozesse. Ein physikalisch dominiertes Denken wendet seine Aufmerksamkeit dem Urgrund des Seins zu – und kommt damit auf einen Schöpfergott. Ein psychologisch dominiertes Denken hingegen fragt nach der Möglichkeit eines perfekten Menschen – und kommt damit auf Christus. Und der philosophisch dominierte Mensch fragt nach dem Geist und findet dessen Vollkommenheit im »Heiligen Geist«. Diese vom Menschen ausgehende Annäherung an das Absolute ist natürlich subjektiv; weil sie aber von eigenen Empfindungen und eigenen Gedanken ausgeht, ist sie real.

Da die Vielfalt der Eindrücke nach dem subjektiven Weg nicht zur Zersplitterung der vielen Denkrichtungen und zu unauflösbaren Widersprüchen, sondern zu einer Harmonie dieser kommen sollte, finden alle Denkrichtungen in »Gott« die Einheit. Nach diesem Modell der »Einhausung in Gott« sollte es einem Menschen bewusst werden, wenn sein Leben nach verschiedenen und widersprüchlichen Mustern abläuft: etwa nach einem Sonntags- und einem Wochentagsbewusstsein oder das Denken nach einer familiären oder einer beruflichen Ethik. Als Eltern wollen sie, dass es ihren Kindern gut gehen wird; in ihrem Beruf wirken sie möglicherweise ohne Skrupel an der Zerstörung der Welt mit.

Der Inhalt einer Offenbarungsreligion wird als objektiv dargestellt; da er aber nur gläubig angenommen werden kann, ist die Objektivität nur fiktiv und die Gläubigen sind nicht frei von widersprüchlichen Interessenslagen. Die Darstellung Gottes in seiner Trinität scheint ein wertvoller Versuch zu sein, die Widersprüche der verschiedenen Religionsformen aufzulösen.

Dass viele Anhänger des Ein-Gott-Glaubens, die Juden, die Christen und die Moslems, nicht erkennen, dass sie dem einen und einzigen Urgrund des Seins auf der Spur sind, kommt daher, dass sie zu sehr in der Vorstellung verhaftet sind und diesen Urgrund nicht erlebt bzw. empfunden haben.

Wer diesen einen Gott nicht als gemeinsames Erkenntnisergebnis wahrnimmt, zeigt, dass er noch kein »Gipfelerlebnis« gehabt hat. So wie es zu einem Gipfel verschiedene Wege gibt, zeigen auch die drei Religionen drei verschiedene Wegbeschreibungen. Auf dem Gipfel würden sie die Einheit des Gotteserlebnisses empfinden und ihre Wegbeschreibungen nicht als letzte und höchste Erkenntnis postulieren. Wenn die Vertreter des Systems das Niveau des Systementdeckers nicht erreichen, fällt auch das System zurück auf einen Formalismus oder lebt weiter in Teilaspekten.

In der allgemeinen Vorstellung treten diese beiden »Gottesbilder« ziemlich vermischt auf und erschweren das Verständnis. Gerade große Religionen bieten eine große Vielfalt von Identifikationsmustern an; wäre die Vielfalt nicht so groß, wäre auch die Anzahl ihrer Anhänger geringer. Sogar der Buddhismus, der so wie Yoga eine klare Erkenntnistechnik anzubieten hat, lässt für die Volksreligion ein weites Spektrum von Göttern, Geistern und Heiligen als Glaubensinhalte zu, um damit den Bedürfnissen der Menschen zu genügen.

Interessant ist der Versuch, die Dreifaltigkeitslehre der Christen nach dem parallel dazu bestehenden physikalischen Schema »Energie / Materie / Information« zu deuten: Der Schöpfergott repräsentiert die Energie, Christus ist als perfekter Mensch die materialisierte Gottheit und die Information fällt natürlich auf den Heiligen Geist. Es gab Zeiten, da war die Religion noch nicht von der Wissenschaft getrennt; beide waren Ausdruck der gleichen Kultur.

Den Unterschied von Glaubensangeboten einerseits und spiritueller Erkenntnistechnik andererseits zu verstehen, ist ziemlich wichtig; es macht einen Unterschied wie zwischen Anwendung und Forschung. So braucht man den als Ideologien erscheinenden Religionen weder anheimfallen noch sie abzulehnen. Wenn eine Trägerorganisation pervertiert oder kollabiert, so kann man sich sowohl von einem religiösen Fundamentalismus fernhalten und wird auch einer Nachfolgeideologie – wie etwa Nationalismus oder Materialismus – weniger leicht hineinfallen.

Ein erstaunlich radikaler Glaubenswechsel fand in den 1930er- und 1940er-Jahren in Deutschland und Österreich statt; das zentrale Glaubenssubjekt schien zuerst Gott zu sein, war dann der Führer und später zumindest zu einem Teil wieder Gott. Ein surrealer Treppenwitz der Geschichte war dabei, dass zum Zeitpunkt der größten Ausdehnung der Macht Deutschlands zu Weihnachten 1941 in einer großen Ringschaltung die an den Grenzen stationierten militärischen Einheiten ausgerechnet das Lied »Stille Nacht, Heilige Nacht« mittels der Volksempfänger zum Besten gaben. Und das ohne einen Gedanken daran, dass die Nachkommen und Verwandten der besungenen Heiligen Familie verfolgt und später auch ermordet wurden. Wie war das wohl gemeint?!

Das sogenannte Dritte Reich Deutschland ist ein Paradebeispiel für den von dem deutschen Aufklärer Immanuel Kant zitierten Begriff von der »selbstverschuldeten Unmündigkeit«; unabhängig vom Hierarchierang fühlten sich fast alle Beteiligten des Spiels im Nachspiel unschuldig; sie waren alle nur Befehlsempfänger gewesen.

Die Untertänigkeit gegenüber einer ungeeigneten Gesellschaftsordnung zu überwinden, ein Verständnis für gut funktionierende Systeme zu gewinnen und für die Systemgestaltung Verantwortung zu übernehmen, ist eine zentrale Aufgabe der

Aufklärung. Das System, dem der Mensch unterworfen ist, ist die Natur; die Individuen sind aufgerufen, eine Gesellschaftsordnung zu entwickeln, die in den von der Natur vorgegebenen Rahmen passt.

Auf der einen Seite soll die Gesellschaftsordnung wie die Tür durch die Angeln mit der Natur als Rahmen stabil verbunden sein; auf der anderen Seite soll sie sich für verantwortliches Verhalten öffnen und für unverantwortliches möglichst schließen.

Im Spiel von Rationalität und religiöser Gläubigkeit, das durch den Mangel an Spiritualität noch nicht zum Zusammenspiel gefunden hat, blieben beide Geistesfunktionen hinter ihren Möglichkeiten zurück.

Die Tatsache, dass die Individuen nur mit einer relativ kurzen Lebenszeit, aber mit einem großen Lebensraum ausgestattet sind, die Gesellschaften aber heute nur noch über einen begrenzten Lebensraum verfügen, aber an sich auf Dauer eingerichtet sind, schafft eine gewisse Verständnisschwierigkeit. Es geht um die Doppelfunktion des Menschen als Individuum oder als Teil einer Gesellschaft.

Die Führungsriege Nazi-Deutschlands versprach allen Deutschen einen Volkswagen; dafür musste nur noch der Weg zu den in der Sowjetunion liegenden Ölquellen freigekämpft werden. Im Unterschied zu der Kolonialpolitik der Vorbilder, die sich auf Kosten anderer bereichern konnten, misslang aber das Projekt.

Nach dem Zweiten Weltkrieg gelang es allerdings mithilfe der Briten und Franzosen, die durch den Ersten Weltkrieg einige Ländereien aus dem türkischen Besitzstand geerbt hatten, endlich an genug Öl zu kommen, um in Europa eine gigantische Wirtschaftsentwicklung zu starten. Das wirkt zurück auf die Quellländer des Reichtums. So, wie die Trucks die Kamelkarawanen überholen, einstauben und von den Straßen verdrängen, so überrollt die westliche Kultur die traditionelle. Auf einmal rebellieren etliche Bewohner der Ölspendeländer und erzeugen unerfreuliche Wirbelstürme. Auch die Atmosphäre hat sich gegen uns verschworen, reagiert auf die Industrialisierung und ist nicht mehr so gutmütig, wie sie sein sollte.

In einer Zeit, in der viele Muslime durch eine Renaissance des Glaubens ihre Probleme lösen wollen, ist es angebracht, über Glauben und Erfahrung zu reflektieren. In den folgenden Zeilen stelle ich meine These dar: Mutter Theresa, die gerade heiliggesprochene Wohltäterin, klagte ihrem Beichtvater über zu wenig Response von Gott. In Indien, einem Land mit großer Bedeutung von Spiritualität, wird viel von »Gotteserfahrung« gesprochen, was für die große Kämpferin für die Verbreitung der Gottesliebe auf Erden durchaus eine Provokation sein hat können; sie litt nach ihren eigenen Worten unter der Abwesenheit von Gott. Eine Verkäuferin in einem Schallplatten-Geschäft erzählte meiner Frau und mir – wir waren wahrscheinlich in Yoga-Dress -, dass sie auch im Autobus ein Gotteserlebnis haben könne. Das ist erstaunlich, denn eine Autobusfahrt in Indien wird von Ausländern normalerweise als äußerst stressig erlebt.

Das Gottesbild wird von der Religion vorgeformt und hat damit auch Einfluss auf die Lebensweise der Menschen. Je exakter und erhabener Gott definiert ist, desto schwerer wird eine Begegnung mit ihm. Wenn aber schon Gelassenheit genügt, um in ihr Gottesnähe zu spüren, wird dieses Gefühl leichter und von mehr Menschen erreicht werden. Das zu gewinnende Glücksgefühl hängt nicht nur von der eigenen Leistung ab, sondern auch von der Empfindungsbereitschaft, die von der Erwartung auf Gegenleistung reduziert wird; das kann zur Frustration führen. Geringere Anstrengung kann zu besserem Erfolg führen.

Wenn es nun auch ein bisschen klischeehaft wird: Der abendländische Gott erwartet Leistung, die manchmal zur Heiligsprechung, aber selten zur vortödlichen Erlösung führt. Der indische Gott erwartet neben Mühe auch Gelassenheit als Voraussetzung der Spiritualität, um sich dem menschlichen Bewusstsein zu öffnen. Das führt zu einer Erlöstheit schon im Leben, die sich in den Gesichtern widerspiegelt. Die Gotteskrieger im Islam wollen Allah dabei helfen, »seine Ordnung« herzustellen, brauchen aber auf eine Erlösung diesseits des Todes nicht zu hoffen; darüber, welches Glück sie im Kampf erfahren, kann ich nichts sagen.

Der Rat, sowohl Gelassenheit als auch Aktivität in das Leben zu bringen, ist wohl schon oft gegeben worden; ihn zu befolgen fällt aber nicht nur individuell, sondern erst recht auch gesellschaftlich schwer. Deshalb sind die Lebensziele Zufriedenheit und Angstfreiheit nicht so oft zu haben, als es möglich wäre.

Was in einem wenig sensibilisierten Bewusstsein leicht untergeht, ist die Tatsache, dass nicht nur Religionen mit der Zeit einem Wandel von Erfahrungsinhalten in Glaubensinhalte unterworfen sein können; dieses Schicksal kann auch Weltanschauungen wie die Ergebnisse der historischen europäischen Aufklärung treffen. Mit der Zeit kann das bessere Denksystem das jeweils schlechtere ablösen; das ist aber nicht immer so. Weil sich die Ansprüche bzw. Herausforderungen ändern, werden etliche Antworten obsolet und neue Antworten sind zu suchen. Es kann aber auch sein, dass die einmal erarbeiteten Dogmen die Wahrnehmung der Wirklichkeit behindern oder schlimmstenfalls sogar verhindern. Wahrscheinlich drücken die Worte »Haltung« und »Gesinnung« eine fundierte Weltanschauung besser aus als »Glauben«, der auch bloß übergestülpt sein kann.

Die Aufklärung, auf die die Europäer so stolz sind, brachte den technischen Fortschritt mit seinen Annehmlichkeiten und die Marktwirtschaft, die den ungerechten Feudalismus ablöste, mit sich. Der Glaube an diese beiden Aspekte ist nach wie vor noch stärker als die erfahrbare Wirklichkeit. Demnach zerstört die unkontrollierte Anwendung der Technik den menschlichen Lebensraum nachhaltig und die freie Wirtschaft verhindert die Entstehung einer weltweit funktionierenden Gesellschaftsordnung. Beide gut gemeinten Entwicklungen wirken gegen die Erfüllung der tiefliegenden Friedenssehnsucht der Menschen. Für diese Tatsache lässt sich die Kunst des Winzers anführen: Reguliert er die Gärung – also die Entwicklung des Weines – nicht rechtzeitig, so wird es Essig statt Wein! Liegt die Entwicklung der Welt in den Händen von Zauberlehrlingen?

Eine Volkswirtschaft kann dann als »entwickelt« angesehen werden, wenn sie die Grundbedürfnisse und etliche Luxusbedürfnisse der Gesellschaft befriedigen kann; wenn sie Arbeitsplätze »wegrationalisiert« und die Vollbeschäftigung auf Kosten anderer Volkswirtschaften aufrechterhalten will, muss man schon von einer »Überentwicklung« sprechen.

Der Übergang des Kindes zum entwickelten Menschen zeigt sich unter anderem darin , dass das Längenwachstum aufhört; reagiert der reife Mensch naiv und nimmt die gleiche Menge an Nahrung zu sich, entsteht ein ungesundes Breitenwachstum. Der Mensch tut gut, auf den Körper zu reagieren, die Gesellschaft sollte es in Bezug zur Umwelt tun.

Immerhin ist erstaunlich, dass die Gott zuerst zugeschriebene und dann entzogene Generalkompetenz, die Welt zu führen, von den nun herrschenden Neoliberalen dem Markt zugetraut wird. Aus dem komplexen System des menschlichen Lebens und des menschlichen Zusammenlebens wird der Faktor Wirtschaft herausgenommen und über die Komponenten »Angebot und Nachfrage« zu einem Modell verkürzt – die Systemgewinner freuen sich.

Die private Organisation der Wirtschaft ist dabei nicht das Problem, sondern die Unfähigkeit der Gesellschaft und der Politiker als ihrer Führungsstruktur, die Komplexität des gemeinschaftlichen Lebens zu erkennen und demgemäß zu handeln.

7. Verhaltensregeln auf dem Weg zum Ziel

Um sich für das Geistestraining im Sinn des Yoga nach Patanjali bereitzumachen, werden auf den Stufen I und II Lebensregeln genannt, die der Yogi im Hinblick auf einen Erfolg in seinem Bemühen einhalten sollte. Er würde die notwendige Ruhe des Geistes kaum erreichen, wenn er ein wildes Leben mit Gewalt, Diebstahl, Lüge, Ausschweifungen und Besitzgier führen sollte; und auch nicht, wenn er sein Leben nicht auf Askese, Disziplin, Redlichkeit, Studium der entsprechenden Schriften und Hinwendung auf Gott ausrichten würde.

Diese Empfehlungen, die den Yoga-Aspiranten gegeben werden, bringen für sich keinen Fortschritt am Erkenntnisweg, unterstützen ihn aber bei Einhaltung bzw. unterstützen ihn nicht, wenn man sie nicht einhält. Der wesentliche Faktor ist die Meditation.

Die Empfehlung zur Askese hat zumindest zwei Aspekte: Sie hat zum einen einen Erfahrungsbezug zur Sensibilität, indem sie die Empfindsamkeit stimuliert und andererseits den Asketen zum Sensor für soziale Verhältnisse macht. Eine lebensnahe soziale Empfindsamkeit ist für den Asketen näher als bloß für einen professionellen Botschafter. Ein in einer klimatisierten Box aktives Thermometer wird die Außenverhältnisse nicht so genau darstellen können.

Die Sache mit der Gewalt löst für Soldaten einen gewissen Widerspruch aus: Eines der Quellbücher empfiehlt dem Feldherrn, gleich einmal zu kämpfen und damit zu töten und dann durch Yoga die negativen Folgen wegzubringen. Ein anderes Buch rät zur Gewaltvermeidung. Als Lösung dieses Widerspruchs wird angeboten, die gesellschaftliche Entscheidung zum unvermeidlichen Krieg als notwendig anzuerkennen und die Folgehandlungen als Pflicht zu sehen und damit keine individuelle Schuld tragen zu müssen.

Märtyrertum ist weder im Hinduismus noch in seiner Sonderform Yoga vorgesehen. Die Anleitung, im Kampf sein Gewissen nicht zu benützen, um es rein zu halten, und die Verantwortung anderen zu überlassen, scheint doch etwas erstaunlich zu sein; als Empfehlung wird sie sich in schlechter Gesellschaft wiederfinden; als Provokation wird sie unbeantwortet bleiben oder sie wird darauf hinweisen, dass Yoga vorrangig eine Erkenntnistechnik ist.

Mein Guru warf die Frage auf, ob nicht jemand, der seine Opferrolle nicht nach Kräften verhindere, Mitschuld an der Gewalt seiner Mörder habe. Jedenfalls trat er überzeugend für das Recht von Verteidigung ein und forderte keine absolute Gewaltlosigkeit. Nur die Jehova-Zeugen verlangen eine solche absolute Gewaltlosigkeit von sich. Das Yoga-System hat keine hierarchische Struktur. Seine eigene Haltung muss man selber finden; die Quell-Literatur und die Meinung von Leuten, die man für fortgeschrittener hält, geben jedoch Denkimpulse.

Eine allgemein gültige Formel, nach der die Verantwortung sowohl für sich selbst als auch seine Gesellschaft festgelegt ist, ist gar nicht so schwer zu finden; und wenn das auch gelingt, so können die Orientierung und ihre Einhaltung im konkreten Fall doch sehr schwierig sein. Wenn die Heimat durch rechtmäßige Staatsorgane verwaltet wird, ist die Verpflichtung zur Verteidigung auch legal und ethisch zu rechtfertigen; was ist aber, wenn ein Unrechtsstaat seine Bürger zum Kampf zwingt oder wenn sie sich ihm verpflichtet fühlen?

Ein anderes Argument des Gottes Lord Krishna, Arjuna zum Kämpfen zu bewegen, ist die Sache mit der Wiedergeburt: Man könne den Menschen gar nicht töten, sondern nur den Körper. Da ist es kein Wunder, dass Albert Schweitzer, der sein Leben auf die Heilung der Physis der Menschen ausgerichtet hatte, diese Darstellung als menschenunwürdig empfand; das Beispiel zeigt allerdings deutlich, wie sehr religiöse Argumente in die politische Zielvorgabe eingebracht werden – in einer fremden Kultur fällt das eher auf als in der eigenen. Allerdings ist die gesetzliche Festlegung, Frieden anzustreben, weniger wert als eine auf Weisheit beruhende tatsächliche Friedenspolitik.

Während der ganzen 60 Jahre des »gewaltlosen indischen Freiheitskampfes« blieb als gewaltsame Variante Plan B im Gespräch. Der Premierminister Winston Churchill im fernen Britannien war dafür, »den halbnackten Fakir« Gandhi einfach sterben zu lassen; die hunderttausend Briten vor Ort, die einer Mehrheit von zweihundert Millionen einheimischen Indern gegenüberstanden, fürchteten den Volkszorn und waren gegen diese Vorgangsweise. Die jeweils getroffene Entscheidung für den Plan A ersparte vielen Briten und vielen Indern die Anwendung der obigen oder einer anderen Trostformel. Yoga rät, die Grenze zwischen Sensibilität und Sentimentalität scharf zu ziehen; der Yoga ist keine Tugendlehre, sondern eine Erkenntnistechnik.

Auf dem Weg zu Yoga sind Unwissenheit, Hass und Gier sowie Egoismus und übertriebener Selbsterhaltungstrieb leidvolle Spannungen; dabei ist die Unwissenheit auch die Ursache für diese weiteren Geistesgifte. Wut allerdings wird nicht genannt und wird von manchen indischen Interpreten sogar als wunderbare Energiequelle bezeichnet.

Gewalt kommt in dieser Lehre nicht gut weg; aber ein Satz im Yoga Sutra (Leitfaden des Yoga) bedarf besonderer Erwähnung. Er heißt: »Wer in der Gewaltlosigkeit fest gegründet ist, schafft eine Atmosphäre des Friedens – und alle, die in die Nähe kommen, geben die Feindschaft auf.« Diese Aussage muss man nach heutigem Wissen insofern relativieren, weil diese Einsicht nur für alltägliche Situationen hohe Wahrscheinlichkeit bringt: Friedliche, entspannte und starke Persönlichkeiten sind weniger der Aggression ausgesetzt als andere; aber wenn, wie in Tibet, der Vernichtungsbefehl für die Klöster aus der fernen Hauptstadt des Aggressors kommt, ist diese Sicherheitsstrategie kaum ausreichend.

Die Gefühle Liebe, Mitgefühl, Heiterkeit und Gleichmut unterstützen den Fortschritt in der Yogadisziplin. Was in einer religiösen Sprache Gott ist, entspricht in einer aufgeklärten Sprache dem Wesen der Welt oder auch des Kosmos.

Um Freude oder Lust zu empfinden, gibt es die allgemein bekannten Wege wie Essen, Trinken, Sex und die anderen Vergnügungen, um das zu erreichen. Und eine Erfüllung des Lebens ergibt sich häufig daraus, zumindest eine tiefe Liebe erleben zu können und Kinder zu haben und sie ins Erwachsenenleben hinein zu begleiten. Wenn sich aber aus inneren oder äußeren Gründen diese Möglichkeiten nicht ergeben oder man versucht, über die kurzfristigen Erfolge hinaus das eigene Leben und die sozialen und ökologischen Verhältnisse zu verstehen, lohnt sich ein Blick in sein Inneres und in das Wesen der Welt.

Für den, der krank ist, genügt es meistens, ins Spital oder ins Ashram zu gehen und sich heilen zu lassen. Will man aber seine Selbst-Heilungskräfte entwickeln oder will man Heiler werden, so bedarf es einer größeren Anstrengung – man wird die Mühe eines Studiums auf sich nehmen müssen. Auch im naturwissenschaftlichen Studium muss der Student persönliche Qualitäten wie Disziplin einbringen. Aber sein Forschungsgebiet liegt außen und es kommt weniger auf sein Wesen an; bei einer kognitiven Wissenschaft verschiebt sich allerdings der Schwerpunkt, wie sich auch ganz allgemein im Lehrerberuf zeigt.

Es gibt auch immer wieder Yogis, die aus dem Rahmen fallen wie der in den 80er-Jahren in den USA erfolgreich und reich gewordene Yogameister Bhagwan Shree Rajneesh aus Pune (Nordindien). Er befreite die Schüler in seinem Ashram von zwei traditionellen Einschränkungen, von den rigiden Einschränkungen der Sexualität und der Vermögensbildung. Er empfahl Promiskuität und Kapitalismus.

Bevor die Sexualität noch nicht so elegant von der Zeugung entkoppelt war, wie es Pille und leistbares Kondom ermöglichen, waren »das Geschrei hungernder Kinder« und die Sorge für sie ein beachtliches Meditationshindernis. Und der Besitz von überdurchschnittlichem Vermögen ist ein stressendes Sicherheitsrisiko; die Erhaltung dieses Vermögens bedarf einer massiven Hilfe durch den Staat und macht emotional abhängig, formt das Bewusstsein und macht blind gegenüber den gesellschaftlichen Verantwortungen.

Die »Pille, die den Reichtum lustvoll erleben lässt«, aber gegen die sozialen und ökologischen Folgen des Kapitalismus wirkt, ist bis jetzt noch nicht erfunden worden. Vordergründig zahlen die privilegierten Mitbürger zwar die Zäune, die ihr Vermögen schützen, und die Bodyguards zum Schutz ihres Lebens; aber hintergründig müssen doch die Staaten den Schutz des Systems übernehmen. Es gab mehrere internationale Aktivitäten der USA, die eher dem Schutz der herrschenden Ideologie – nämlich des Kapitalismus – dienten als der Verteidigung des Landes; es waren dies zumindest die Kriege in Korea und in Vietnam und die Interventionen in Nicaragua und Chile. Die sozialen Verwerfungen, die dem Neid zugeschrieben werden könnten, bilden nur einen Teil des Problems; die Schrittmacher- oder Pionierfunktion für den unverantwortlichen »Verbrauch von Welt« wird sich längerfristig als die größere Unverzeihlichkeit darstellen. Wer »auf großem Fuß lebt«, wird auch den größeren ökologischen Fußabdruck haben. Die Tugenden der Bescheidenheit und der Verantwortung werden durch die Wertschätzung von ökonomischen Erfolgen zumindest indirekt diskriminiert. Dabei geht es nicht eigentlich um Eigentum, sondern um einen aufwendigen Lebensstil wie etwa bei der Jetset-Society. Sie ist nicht nur für ihr eigenes Verhalten verantwortlich, sondern auch für ihre Wirkung als Vorbild. Es braucht aber nicht den Asketen, um als Vorbild herhalten zu müssen, ein schlichtes Wohlergehen wäre schon eine gute Variante; dieser Lebensstil würde auch bei weiter Verbreitung für die Welt zu verkraften sein.

Shree Rajneesh, ein »Guru der Moderne«, gründete in den USA eine Stadt seines Namens für seine Anhänger, die er sich nicht scheute, auszubeuten; er brachte es auf eine Flotte von angeblich bis zu 91 Rolls-Royce. Allerdings kam er wegen Steuerhinterziehung und anderer Delikte in die Mühlen der Justiz, flüchtete nach Indien, baute dort wieder ein Ashram auf, starb aber bald mit noch nicht 60 Jahren. Sein Verhalten mag erschüttern; das Schlimmere aber ist, dass es Menschen gibt, die mit einem derartigen Mangel an Sensibilität gegenüber charismatischen Persönlichkeiten ausgestattet sind, um dieses zu ermöglichen. Wie kann eine solche Gesellschaft fähig sein, gegen wirtschaftliche oder politische Verführung erfolgreich Widerstand zu leisten? Hatten nicht auch wir in Österreich einen etwas charismatischen Landeshauptmann, der die Bürgschaft für Schulden auf das Zehnfache des Jahresbudgets gewährte? Sensibilität ist wichtig – aber woher nehmen?

Die Regierung Indiens reagierte auf die obskuren Umtriebe dieses Meisters mit der Verweigerung eines Touristen-Visums, wenn als Zweck der Reise »Yoga« angegeben wurde. Indien wollte als moderner Staat gelten und wollte sich dieses Image nicht verderben lassen. Heute gehören die Körperübungen des Yoga zum selbstverständlichen Schulalltag Indiens und selbst in der staatlichen Ausbildung zum höheren Beamten ist der Yoga ein Pflicht-Wahlfach. Yoga ist etabliert und wird in Zusammenarbeit mit der UNO an einem speziellen Tag des Jahres zelebriert.

Sollte man empfehlen, die Gefahren des Yoga durch Yoga abzuwehren, so könnten die Leute, die nicht genau hinschauen, denselben Vorwurf wie Christus gegenüber formulieren: Er treibe den Teufel mit dem Beelzebub aus! Wie viele Eltern haben sich um ihre Kinder Sorgen gemacht, wenn sich diese auf den Indien-Trip machten? Wie wenig sich doch die psychische Struktur der Menschen in den letzten Tausenden Jahren geändert hat! Nach wie vor gilt, dass nur Erkenntnis die Ignoranz überwinden kann und Weisheit ein wichtiges »Lebensmittel« des Menschen ist.

Yoga ist die Kunst, besser schauen zu lernen; und je besser man schaut, desto weniger Vorurteile braucht man, um seine Entscheidungen zu treffen. Der »Neustart« des Bewusstseins der nach der meditativ herbeigeführten vorübergehenden Ausschaltung der Geistesbewegungen (richtiges Wissen, falsches Wissen, Vorstellung, Erinnerung und Schlafbewusstsein) soll eine Neuzuteilung der im Gedächtnis abgelegten Inhalte ermöglichen.

So wie jede Inventur mehr Klarheit für das Magazin schafft, so bringt jede tiefe Meditation mehr Klarheit für die Inhalte im eigenen Gehirn; es kommt zu manchen Neubewertungen und dadurch verändert sich auch der Blick nach außen. Manchmal passiert es – und wahrscheinlich passiert das vielen, dass sie die Welt nach dem Aufwachen wie neu sehen; und dass man das oft

absichtlich herbeiführt, entspricht der Yoga-Technik. Diesem
Ziel stehen allerdings, wie wir wissen, viele Hemmnisse entgegen.

8. Der Mensch und die Welt

Das Sanskrit-Wort »AUM« bedeutet »alles« und findet sich in der indogermanischen Sprachverwandtschaft im Lateinischen wieder als »omne«. Wer kann schon Schöpfer und Schöpfung als getrennt empfinden, wo sie doch beide schon so lange vor uns da waren? Um eine zeitlose Frage anzusprechen: Wer kann schon glaubhaft machen, den Schöpfer zu lieben, wenn er die Schöpfung – unseren Lebensraum also – misshandelt und ausbeutet, wie wir es gegenwärtig tun?

Der Buddhismus ist aus der gleichen Kultur wie Yoga hervorgegangen. Er verzichtet jedoch von vornherein auf eine religiöse Ausdrucksweise. Der innere Kern des Menschen, der nach dem Yoga die Urnatur (»Atman«) ist, ist im Buddhismus die Buddha-Natur, wozu aber kein göttlicher Bezug hergestellt und keine Beständigkeit angenommen wird. Allerdings gibt es eine reiche Legendenbildung um Buddha.

Anders ist es mit Yoga, dessen Sprachduktus ich hier verwende. Es gibt große Vielfalt in der Yogakultur und es ist unmöglich, den religiösen Inhalt dieser Lehre pauschal darzustellen. Verbreitet ist die Vorstellung, dass Gott in der Welt inkarniert ist und Gott und Welt eins sind. Diese Lehre genießt unter den indischen Intellektuellen hohes Ansehen; die Westmenschen nennen das den Pantheismus, die indischen Intellektuellen All-Einheitslehre. Sie können sich nicht vorstellen, dass man Gott als unendlich und allmächtig erkennt und ihn gleich drauf definiert, also ihm Grenzen setzt und ihm Seins-Möglichkeiten abspricht.

Als Intellektuelle sind wahrscheinlich jene Menschen zu bezeichnen, die sich nicht nur um sich selber kümmern, sondern auch darum, »was die Welt im Innersten zusammenhält«. Diese Frage aus Goethes Faust wird man heute nicht nur physikalisch, sondern auch biologisch bzw. psychologisch verstehen dürfen; Goethe bekannte sich zum Pantheismus, spätestens nachdem er durch die Upanishaden mit den indischen Weisheitslehren bekannt geworden war.

Mit der Akzeptanz des Pantheismus ergibt sich die Frage, ob nur Gott heilig ist oder auch die Natur und ob es genügt, wenn sich der Mensch seinen Lebensstil nur mit einem unsichtbaren Gott auszureden braucht oder sich seine Lebensführung nicht auch mit der konkreten Natur ausmachen sollte. Auch aus der Bibel kommt der Gedanke der Gottesferne: Christus kritisierte seine »Zuhörer: »Wie könnt ihr vorgeben, Gott zu lieben, den ihr nicht seht, wenn ihr euren Bruder nicht liebt, den ihr seht?« Eine aktuelle Herausforderung stellt die Tatsache dar, dass Christus bei seiner Funktion als seelenkundiger Sozialarbeiter keinem ökologischen Problem begegnet ist und diese Aufgabe heute als »Bibel plus« wahrzunehmen wäre.

Die emotionale Konsequenz der rational unlösbaren Frage, ob Gott nur abstrakt oder auch konkret auftreten kann, ist: Akzeptiert man eine Gotteserfahrung, wenn Gott auch irdisch verkleidet ist – etwa als brennender Dornbusch oder in der Form des Nächsten, wie es in der Bibel angeregt wird? Oder erwartet man, einen unverhüllten Gott zu Gesicht zu bekommen? Dieses zweitgenannte Erlebnis wird sich erfahrungsgemäß seltener ereignen.

Der Volksglaube der Inder, der Hinduismus, kennt eine Unzahl von figürlichen Göttern, die in Geschichten eingekleidet sind; die Tempelpriester – die Brahmanen also – rezitieren unter anderem ein Mantra, das die 1000 Namen Gottes zum Inhalt hat. Die intellektuellen Inder – und dazu gehören auch die Yogis – bevorzugen eher einen Gott, der in den Kosmos oder in die Welt integriert ist. Der Gott der Christen versteckt sich hinter der Welt; der Gott der Yogis in ihr. Dies entspricht der Erfahrung in der Meditation und ist so zwar intuitiv entstanden, ist möglicherweise aber ein absichtlich gesetzter Beitrag für ein ökologisches Empfinden.

Auch die »Heiligung« der Kuh ist ein Beitrag in diesem Sinn; sie sollte die Umstellung der tierischen Ernährung zum Vegetarismus herbeiführen bzw. unterstützen. In Deutschland gehen 60 Prozent des Getreidekonsums in die Nutztierfütterung; dies wird ermöglicht durch massive Futtermittelimporte zum Teil aus Ländern mit Ernährungsproblemen oder durch Rodung des Regenwaldes. Gegenüber einer vegetarischen Ernährung wird für den Fleischkonsum fünf- bis zehnmal so viel Agrarfläche verbraucht.

Im Raum Indien, Bangladesch und Pakistan lässt sich die Interdependenz von Religion und Ökologie deutlich erkennen. Im Zentralraum Indiens stehen vorwiegend Agrarflächen zur Verfügung; dort leben vorwiegend Hindus, die sich zum Vegetarismus bekennen. In den indischen Teilstaaten Kerala und Goa gibt es viele gute Fischereimöglichkeiten – die Menschen essen Fisch und bekennen sich zur christlichen Religion oder zum Islam. In der Himalaya-Region in Pakistan und Kaschmir gibt es kaum Felder, aber viele Weidegebiete – da sind die Leute Moslems, die sich an ihren Schafen erfreuen. Und aus dem Fischreichtum der Gangesmündung und des Golfs von Bengalen beziehen wieder Moslems und Christen ihre Ernährung. Und auch die Hindus von Bengalen nehmen den Fisch als wichtigen Ernährungsanteil gerne an. Hier scheint die ökologische Bedingtheit der Menschen die Gottesvorstellung in den Hintergrund zu drängen.

Das Gottesempfinden im Wort »AUM«, wie es sich in der Yoga-Philosophie zeigt, weist einen erheblichen Unterschied zur jüdischen, christlichen und islamischen Lehre auf: Ein Gott, der nicht nur für den Menschen, sondern auch für Füchse und Hasen zuständig ist, kann weder gut noch gerecht, jedenfalls aber kann er nicht parteilich sein.

Ansatzweisen Pantheismus zeigt das Christentum in der Kommunion – nämlich die Verschmelzung von Heiligem und Profanem in Brot und Wein durch die Wandlung. Und als Europa noch christlicher war und weniger aufgeklärt, erfuhr das Brot einen besonderen Schutz und durfte keinesfalls vergeudet werden. Auch das Tischgebet eröffnete zumindest einen Seitenblick auf die Nahrungsquelle, nämlich auf die Natur. Eine Rückbewegung zu diesem Gedanken und eine Erweiterung auch auf andere Güter würde uns in einen wohltuenden Widerspruch setzen zu unserer derzeitigen Vergeudungswirtschaft.

Wenn man Jerusalem nicht von Westen, sondern von Osten her

betritt, könnte eine Erklärung für die Einführung der Kommunion als religiöses Ritual die Tatsache sein, dass sich Christus als Teil dieser Welt fühlte und er dieses Gefühl initiieren und weitergeben wollte. Die Yogis sehen kein Hindernis darin, Christus auch in seiner Qualität als Gott anzuerkennen; gerade für dieses Denk- und Empfindungsmuster bildet Indien das kulturelle Heimatland. Christus wird von seinen Anhängern in seiner Göttlichkeit verehrt; die Anhänger eines Gurus in Indien sehen nicht nur im Guru, sondern häufig auch in Christus die göttliche Urnatur. Heute leben dort noch viele Yogis so, wie in jener Zeit Christus gelebt hat, die Räume waren kulturell verbunden.

Christus wurde von seinen Verehrern »Rabbi« genannt und die Yogis werden mit »Swami« angesprochen – beides heißt Meister. Diese Meister sind deutlich unterschieden von den Tempelpriestern, die für die Rituale und die Opfer zuständig sind, um von den Göttern Hilfe zu erwirken.

Die Yogis sowie die anderen spirituellen Meister setzen ihren Weg zu Erkenntnis und Bewusstsein bei den eigenen Empfindungen an. Der Apostel Paulus verlegt die Religion in den emotionalen Bereich, indem er »Glaube, Hoffnung und Liebe« ins Zentrum seiner Lehre stellt. Hätte sich das Christentum an Paulus gehalten, so hätte es sich den nicht gewinnbaren Kampf um die naturwissenschaftliche Wahrheit ersparen und den Fokus auf die Echtheit der Gefühle legen können. Der Philosoph beginnt seinen Weg, indem er die Rationalität zu seinem vorrangigen Instrument macht; der Yogi beginnt mit seiner Sensibilität.

Doch auf den Einstieg kommt es dabei gar nicht so sehr an, sondern darauf, sich auch auf die jeweils auftretenden Qualitäten wie Frieden und Gerechtigkeit einzulassen – also nicht gleich hinter dem jeweils benutzten Eingangstor stehenzubleiben und darauf zu beharren.

Die Emotionen bewegen das Leben tatsächlich entscheidend. Der Inhalt dieser drei Gefühlsfaktoren ist aber durchaus variabel. Paulus wusste noch nicht so genau, was heute die Kirche zu glauben vorschreibt – die Dreifaltigkeitslehre etwa war zu dieser Zeit noch nicht definiert.

Es geht aber eben nicht nur um die Emotionen, die natürlich wichtig sind, sondern auch um die Sensibilität, die im Vatikan keine vorrangige Rolle zu spielen scheint und deren Fehlen zu bedauern ist. Wo Glauben Vorrang hat, besteht die Gefahr, dass sensible Wahrnehmung in den Nachrang versetzt wird.

Der Begegnungsraum von Sensibilität, Emotionalität und Rationalität wird in den entsprechenden Religionen durch den Glaubenskomplex überlagert und die feine Wahrnehmung dieser drei Geistesfaktoren geht verloren, wodurch diese Religionen als Leitkulturen hinter den Möglichkeiten des Geistes zurückbleiben.

Dazu kommt, dass das Bedürfnis oder die Gewohnheit zu glauben oft stabiler ist als der eigentliche Glaubensinhalt; dies zeigte sich bei entsprechenden Machtwechseln wie in Russland 1917 oder in Deutschland 1934 bzw. in Österreich 1938. Wer sich dem Bedürfnis des Glaubens hingibt oder einem Glaubensdiktat zu gehorchen gewohnt ist, kann schon einmal seine Religiosität in Nationalismus umwandeln.

Das Bedürfnis nach Heimat ist natürlich; ob aber eine Religion oder die eine oder die andere Nation tatsächlich als Heimat angesehen wird, ist kultürlich mitbestimmt und wird bei Änderungen der Bedingungen zur Disposition gestellt.

Wenn eine anerzogene Glaubensbedürftigkeit den Inhalt verliert, wird sie sich andere Inhalte suchen; derzeit spielt der Glauben an das Wirtschaftswachstum und an den technischen Fortschritt die Heilandsrolle, weil diese beiden einer kurzsichtigen Rationalität genügen. Einer Institution hingegen, die die Jungfräulichkeit der Mutter Christi bis vor Kurzem und die Unfehlbarkeit des Papstes bis heute im Programm hat, wird man kaum Glauben schenken, wenn sie auch mit ihren Sozialenzykliken eine viel bessere Wirtschaftsform als die gegenwärtige neoliberale empfiehlt.

In den Jahren vor 2008 waren in den USA viele Hauskredite brüchig geworden; um sie nicht abschreiben zu müssen, verpackten sie die cleveren Banken gemeinsam mit werthaltigen Krediten und verkauften sie weltweit; 2008 brach die Spekulation zusammen und nahm nicht nur die guten Anteile dieser Pakete mit, sondern beinahe auch die Weltwirtschaft. Werthaltiges mit spekulativem oder nur für den Eigennutz Brauchbares zu verpacken, ist ein alter Trick.

Stalin beispielsweise missbrauchte die Marx'sche Idee von der Diktatur des Proletariats zur Errichtung seiner eigenen Diktatur und den Internationalismus des Marxismus zur Argumentation des russischen Nationalismus; beides besteht auch ohne das missbrauchte Argument weiter.

Auch die Marktidee wird natürlich missbraucht. Die Qualität des Marktes liegt in seinem werthaltigen Kern, also der primären Güterverteilung und nicht im Derivatehandel und den Spekulationen. Die Ökonomie ist ein Teil des Gesamtsystems Gesellschaft und eignet sich wegen ihrer verkürzten Sichtweite besser zum Diener als zum Herrscher.

Religionen unterliegen wie die anderen menschlichen Organisationen oder Bewegungen den gleichen Entwicklungen. Wenn sie nicht Weisheit als werthaltigen Kern hätten, würden sie kaum existieren; darüber hinaus sind sie regelmäßig reich an Spekulationen und oft werden sie im Eigennutz der Führer zur Machtausübung verwendet.

Macht man sich auf den Weg der Weisheitssuche, so sollte man die Religionen nicht auslasssen; wegen ihrer komplexen Wirkkraft und ihrer Parallelität zu den anderen Systemen hat man ziemlich viel zu tun, um sie zu verstehen. Für den nüchternen Beobachter sind auch ihre Spekulationen interessant, weil sie Auskunft geben über die Hoffnungen und Ängste der Gläubigen. Was jedenfalls mich betrifft, bin ich wenig angetan von der in den christlichen Religionen geförderten Wundergläubigkeit; diese hat die Akzeptanz meiner Erblindung um Jahre verzögert und dadurch unnötiges Leid prolongiert.

In einfachen Kulturen, in denen die Menschen nur einen geringeren Einfluss auf die chemisch / physikalische Umwelt ausüben konnten, spielte eine verbreitete mangelhafte Wahrnehmungsfähigkeit weniger Rolle; bei den heute gegebenen wissenschaftlich / technischen Möglichkeiten potenzieren sich aber die einzelnen Erkenntnismängel in ihren Auswirkungen. Simplifiziert man das Biotop Aquarium auf eine Fischsuppe, so werden sich die Lebensbedingungen des Aquariums aus der Fischsuppe nicht mehr erkennen lassen; die Welt ist immer neu.

Religionen können auch dann weiterwirken, wenn sie schon längere Zeit vom Spielplan abgesetzt worden sind: Sie entwickeln sich aus dem Kern menschlichen Seins; und ihre Folgen wirken weiter, wenn sie nur negiert und nicht sensibel abgewickelt und aktuell überdacht werden. Gerade die Christuslehre hat mehr zu bieten als bloß als Gehorsamsübung eingesetzt zu werden.

Ein Indiz dafür, dass es der Führung in der katholischen Kirche weithin um die Zähmung der Gläubigen ging, war die Gabe der Kommunion durch die Fütterung von Hand; Säugetiere von der Katze bis zum Elefanten und viele Vögel macht man ebenfalls handzahm, indem man sie von Hand füttert. Der Vergleich mag erschrecken, aber die Parallelität kann man nicht von der Hand weisen.

Im aufgeklärten Abendland ist die Zeit ziemlich vorbei, in der sich die Menschen gerne unterwarfen. Sie wollen sich nich unterordnen, aber das Bedürfnis nach Einordnung in ein größeres System besteht allemal noch. Wer allerdings sich überordnen und damit andere unterordnen will, muss sich auf ein Risiko einlassen. So berichtetete ein KZ-Überlebender, dass er Gott im Gebet veranlassen wollte, endlich das Volk Israel von seiner »Auserwähltheit« zu erlösen.

Es gibt viele Möglichkeiten für Systeme, in die man sich einordnen will – von der Familie angefangen, in eine Gemeinschaft von Kollegen, in eine Gang, in eine Nation oder eine Religion bis hinaus in den Kosmos.

Bevor ich zu den Religionen zurückkehre, möchte ich kurz bei der katholischen Kommunion bleiben. Ich kann mich noch gut erinnern, dass die Hostie oft am Gaumen picken blieb und damit die Konzentration in diesen Bereich lenkte. Mit Yoga lernte ich die Konzentration auf den Gaumen unter Zuhilfenahme der Zungenspitze. Die moderne Hirnforschung lokalisiert den Nukleus als Neuronen-Agglomerat knapp oberhalb der Schädelbasis in der Nähe des Gaumens. Der Nukleus ist zuständig für die

Organisation der angenehmen Empfindungen, sozusagen für die »likes«. Für die unangenehmen Empfindungen (für die »dislikes« also) ist der Mandelkern (Amygdala) zuständig, er befindet sich im oberen Gehirnbereich.

Die Wirkung einer stimulierenden Konzentration, die den Nukleus einschließt, wurde offensichtlich von den Katholiken und den Yogis erkannt. Wenn die eingeleitete Konzentration intensiv genug ist und Wohlgefühl oder Freude aufkommt, kann man heute mithilfe des Wissens über das Gehirn das Phänomen deuten.

Religionen sind Kulturkomponenten, die auf menschlichen Erfahrungen beruhen und aus zwei bis drei Bereichen gespeist werden. Der eine umfasst die Auseinandersetzung des psychomentalen Systems mit sich selbst, ein anderer die Auseinandersetzung mit den anderen Menschen und ein dritter wäre die Auseinandersetzung mit der Umwelt. Und weil diese Auseinandersetzungen schwierig sind, kann man Gott als Lotsen mit ins Boot nehmen.

Unabhängig davon, ob eine Offenbarung den Startimpuls gegeben hat oder dieser in der Geschichte entwickelt wurde, ist Religion ein Erbgut, das die Menschen von Menschen übernehmen. Religion ist damit ein Prozess, der nur in der Internalisierung aktiv wird. Eine Religion hat man nicht; man ist entweder spirituell, was nicht im Widerspruch zum Realismus steht, oder man ist materialistisch und verliert die sensible Beziehung zur Welt, wie Kinder sie haben.

Der Yoga stellt »die Schau« ins Zentrum seiner Lehre – und schauen kann man nur im gerade gegebenen Augenblick. Das gilt unbeschadet der Tatsache, dass Yoga verschiedene Techniken des Schauens vorgibt; auch die Wissenschaften definieren ihre Bedingungen. Weil aber niemand die ganze Welt auf einen Blick »schauen« kann, bildet sich erst aus vielen Anschauungen das »Kulturgut Weltanschauung«. Der ehemalige Wiener Bürgermeister Leopold Gratz definierte Demokratie als: »Wenn man denkt, der andere könnte auch recht haben.«

Der glaubensbedingte Selbstbinder »Unfehlbarkeit des Papstes« verzögert spontane Reaktionen auf aktuelle Bedürfnisse. So ist die erste Sozialenzyklika der katholischen Kirche 1871 verabschiedet worden und damit 23 Jahre nach dem kommunistischen Manifest. Und die Entdeckung, dass die Schöpfung zu schonen wäre, wurde auch erst verspätet als religiöse Aufgabe wahrgenommen; Vorreiter waren in diesem Fall profane Wissenschaftler, die sich 1973 im Club of Rome zusammenfanden. Ähnlich ist es mit der Anerkennung der Arbeiterpriester in Frankreich, mit der in Lateinamerika entstandenen Befreiungstheologie und mit der Pillendiskussion: Die Feststellung der ewigen Wahrheit geht nicht so schnell.

Wenn ich denke, wie schwer ich mir bei diesem Text tue, dem Anspruch auf Richtigkeit und Verständlichkeit gerecht zu werden, obwohl ich nur mir und meinen Lesern verantwortlich bin, habe ich vollstes Mitgefühl mit jedem Papst, der seiner Arbeitsplatzbeschreibung, nämlich Stellvertreter Gottes zu sein, gerecht werden soll.

Glauben und entsprechende Hoffnung an Glaubwürdiges stellen einen wichtigen Faktor der Lebensqualität dar – sie lassen sich aber nicht willkürlich einfordern. Im 19. Jahrhundert ist die europäisch-christliche dominante Kultur von der Aufklärung als Leitkultur abgelöst worden; es gab in diesem Jahrhundert keine wirkkräftige säkulare Psychologie, die korrigierend gegenwirken hätte können.

Die westliche Aufklärung forderte, die Welt zu vermessen; die Tatsache, dass materielle Gegebenheiten leichter in Zahlen messbar sind als humanistische Werte, hat zur vorrangigen Beschäftigung mit den Naturwissenschaften geführt; spirituelle Techniken verblieben im Schoß der Kirchen und wurden von ihnen unter Glaubenspatronanz gehalten.

Demgemäß entstanden die zwei großen materialistischen Gesellschaftstheorien, die beide mechanistisch sind und die weder dem menschlichen Leben noch der Natur gerecht werden: der Wirtschaftsliberalismus, der zum Kapitalismus geführt hat, und der Kommunismus, der immerhin mittlerweile sein Ende gefunden hat. Diese beiden Systeme nehmen die Endlichkeit der Welt nicht wahr und müssen notwendigerweise versagen.

Mit dem Liberalismus wurde zwar die offensichtliche Ungerechtigkeit des Feudalismus beendet, in dem der Luxus nur dem Adel als Oberschicht offenstand; es ist im neuen System aber dazu gekommen, dass sich der, der sich mehr nehmen kann, auch mehr vom gemeinsam erarbeiteten Kuchen nimmt. Die Ungleichheit ist damit nicht verschwunden und die Anhäufung von Reichtum gilt als Pionierleistung und ist Leitkultur geworden. Die Befriedigung der Bevölkerungsmehrheiten kann – und das nur in der sogenannten Ersten Welt – nur durch Raubbau an der Welt durchgezogen werden.

Lenin hat die Faktoren Kommunismus und Elektrizität (Synonym für Technik) als Hoffnung für die Sowjetbürger vorgegeben; als aber die Erreichung des Paradieszustands zu lange auf sich warten ließ, verloren die Bürger die Hoffnung und das Konstrukt Sowjetunion kollabierte.

Der euro-amerikanische Lebensstil, der auch auf Materialismus setzt, ist zwar die Leitkultur für die ganze Welt geworden. Aber auch die damit vorgegebene Hoffnung wird zunehmend brüchig, weil sie ein Ziel vorgibt, das nicht für alle erreichbar ist. Adam Smith und Karl Marx haben Antworten auf die Frage, warum es Elend gäbe, zu beantworten gesucht. Beide Lösungen sind unzulänglich; die Frage steht nach wie vor im Raum und sucht eine taugliche Antwort.

Die katholische Soziallehre aus 1931 etwa beruht »Gott sei Dank« nicht auf einer mechanistischen Denkweise. Dem Verfasser der Sozialenzyklika 1931, dem Deutschen Jesuitenpater Oswald von Nell-Breuning, war ein großer Wurf gelungen: Er erweiterte die Empfehlung seiner Kirche, barmherzig zu sein, auf das Prinzip der »sozialen Verantwortung des Kapitals« dieses Prinzip fand Eingang in das deutsche Grundgesetz und die italienische Verfassung und ist für die Staaten Europas zur Verpflichtung geworden; die Regelung ist also doch etwas Deutlicheres als eine Empfehlung an die Gläubigen. Die politische Übersteuerung der Wirtschaft nach 1945 bis 1990 wurde demnach nicht nur von links, sondern auch von rechts getragen und war offensichtlich ein gutes Modell für West- und Nordeuropa, weil sich nun nach 1000 Jahren Kulturträgerschaft die Kirche auf die klimabedingten höheren Anforderungen einließ. In den wärmeren Gegenden der Welt kann ein Almosen-System genügen.

Mit dem Scheitern der Sowjetunion rückte das Modell »Sozialpartnerschaft« in den Hintergrund – die Angst vor dem Euro-Kommunismus war verschwunden; und mit der dann folgenden Globalisierung fingen die Probleme an. Auf welchen Glauben dürfen wir hoffen und auf welche Liebe uns einlassen? Welches Ziel ist plausibel genug, um uns eine realistische Hoffnung zu geben? Ideen sind gefragt, nicht Ideologien als ihre sterbenden Überreste.

Wie sehr der Yoga auf erfahrbares Wissen ausgerichtet ist und nicht auf Glauben, zeigt sich in seiner Haltung zur Wiedergeburtslehre. In Indien ist sie stark verbreitet – und der Yogi trickst sie aus, indem er sein Leben auf das Lebensende ausrichtet. Er will so intensiv leben, dass er damit rechnen darf, ohne einen Rest von Lebenswunsch in den Tod gehen zu können und so das Problem für sich zu erledigen. Die Bibel (Altes Testament) kennt diese Situation, indem sie über einige Propheten schreibt: »Er starb alt und lebenssatt.« Vielleicht sind Lebenswunsch und Lebenskraft tatsächlich häufig mit einem unterschiedlichen Ablaufdatum versehen; der Yogi will beide synchronisieren; er braucht aber denen, die an einem Erlebensdefizit leiden, die Hoffnung auf eine Wiedergeburt nicht zu nehmen.

Im Menschen scheint die Sehnsucht nach einem perfekten oder vollendeten Leben angelegt zu sein. Aber die Wahrnehmung, dieses Ziel nicht oder höchstens selten zu erreichen, erleben viele als Dissonanz. So sind sowohl der Himmelsglauben als auch die Vorstellung der Wiedergeburt Symptome oder Deutung eines Mangels. Für jemanden, dessen Kultur die Wiedergeburt vertritt, ist es wichtig, vor der Verkalkung weise zu werden. Das gleiche Mangelgefühl wird aber, falls es sich auf eine materielle Bahn einlässt, zu unersättlicher Gier und unbegrenztem Machtstreben führen.

Mein Guru sagte schon etliche Jahre vor seinem »Weggehen«, wie man in Indien normalerweise das Sterben nennt, er werde nicht mehr wiedergeboren werden, denn sein Lebensbedürfnis wäre gesättigt. Uns, seinen Schülern, überließ er es, den Himmel, eine Wiedergeburt oder das »Erlöschen« (Nirwana) zu erwarten. Er hatte im Alter von hundert Jahren einen Herzinfarkt, verweigerte daraufhin die Einnahme von Medikamenten und von Nahrung und starb schließlich nach einem Monat im vollen Bewusstsein. Es ist offensichtlich leicht, vom Tisch aufzustehen, wenn man schon satt ist; peinlich ist nur, hungrig vom Tisch vertrieben zu werden.

Es gibt zwei Formen, am Ende seines Lebens lebenssatt zu sein: Man vermehrt einfach die Abenteuer oder man erhöht seine Sensibilität – beides kann gelingen oder misslingen. Abenteurertum kann zur Abstumpfung führen oder zu einem vorzeitigen Tod; und wenn man bei dem Versuch seiner Sensibilisierung scheitert, endet das in Frustration und auch in einem verpfuschten Leben.

Dazu heißt es in der Bhagavadgita: »Wer in der Einsamkeit sitzt (das heißt meditiert) und an etwas anderes denkt, ist ein Tor.« Das ist immerhin ein erstaunlicher Rat eines religiösen Führers, Askese und Meditation aufzugeben, wenn diese beiden nichts bringen. Im Konnex mit den Äußerungen meines Gurus komme ich zur Interpretation: Wenn die Abwehr der sexuellen Bedürfnisse mehr Kraft kostet, als sie für den Erkenntnisweg freigibt, soll man sie – die Abwehr – aufgeben.

Mein Guru (das ist der persönliche Lehrer) lebte lebenslang zölibatär und anfangs nach alter Yoga-Tradition im Wald; er realisierte aber, dass ihn diese Lebensweise mehr vom Studium des Yoga abhielt, als sie ihm half. Er wechselte in ein Leben im Standard des indischen Mittelstandes, wobei er besonders schätzte, der Belästigung der Moskitos bei der Meditation zu entkommen. Uns – seinen Schülern, empfahl er sicheren Unterhalt durch die Ausübung eines Berufes. Ansonsten gibt es in Indien eine große Varianz asketischer Lebensformen, viele davon auch mit Drogengebrauch, die auch das »Abtöten der Sinne« zum Ziel haben können.

So wie den anderen Meistern in Kunst und Wissenschaft geht es dem guten Yogi nicht darum, bloß Anhänger zu gewinnen, sondern die Entwicklung von Qualität zu fördern. Wer seiner Sehnsucht nachgibt, Erleuchtung zu gewinnen, hat gute Chancen. Ein anderer mag wegen des Verzichts auf einen dringenden Lebensbedarf gerade nur an das Versäumte denken, sodass dadurch die Meditation nicht gelingt. Es gilt also, für sich das richtige Mischungsverhältnis von Erfüllung und Verzicht zu finden. Askese ist ein Instrument, um Erkenntnis und Lebensglück zu gewinnen. Bloß schlecht zu leben, um sich auf die Erlösung durch den Tod zu freuen, ist nicht Sinn der Übung; es geht um ein optimales Leben vor dem Tod.

Darin, trotz Askese und gerade mit ihr ein glückliches Leben zu führen, liegt ihr gesellschaftlicher Wert. Wenn das nämlich gelingt, zeigt es eine Alternative zu dem gewöhnlichen Lebenstraum, ein materiell reiches Leben zu haben. Dieses weit verbreitete Ideal zu verwirklichen und das freie Ausleben der Sexualität bzw. der Zeugung von Nachkommenschaft in den armen Ländern sind wohl die größten Belastungen, denen die Welt ausgesetzt wird. Dies führt zu einer Enge auf der Welt, die eine veritable Kriegsursache darstellt. Nur glückliche Asketen taugen als Werbeträger für ihren Lebensstil und können so auch bei den Normalmenschen die Akzeptanz eines alternativen Lebensstils hervorrufen.

9. Die Erfahrung aus dem Körper

Auch der Gott der Christen ist nach der Eigendefinition allmächtig und allwissend und überall – und der Mensch kann ihn durch seine physische Existenz nicht verdrängen. Wenn Gott die Information ist, ist die Information im Menschen gegenwärtig; jedenfalls seine Urnatur wird wohl göttlich sein. Für den Yogi gilt es, diesen Informationsfunken in sich selbst zu erkennen, also sein eigenes Optimum, seine Urnatur eben, wahrzunehmen.

Dafür bedarf es einer hohen Sensibilität, die durch Bewusstseinstraining und Bewusstseinserweiterung angestrebt wird. Das Gehirn wirkt als Relais, das die Informationen der Außenwelt mit den Informationen aus dem Körper verknüpft, wobei die in der Wirbelsäule geführte Nervenbahn zusammen mit den am Rückenmark anliegenden Nervenknoten verschaltet wird; es werden zumindest 7 »Chakren« genannt. Die Yoga-Philosophie kennt nicht nur die 5 Sinne der Perzeption wie im Westen (nämlich sehen, hören, riechen, schmecken und fühlen), sondern auch 5 Sinne der Aktion (nämlich reden, geben und nehmen, gehen, zeugen und stoffwechseln).

Die Urnatur wird auch »das Selbst« (Atman) genannt; es umfasst die Summe der Möglichkeiten, die dem Menschen auf seinem Lebensweg mitgegeben ist. Diese Urnatur ist kein widerspruchsfreier Block, sondern enthält durchaus verschiedene und auch gegensätzliche Tendenzen. Das Bedürfnis, sich fortzupflanzen und aus genetischer oder kultureller Potenz mehr Raum auf der Erde zu gewinnen, wird mit dem Bedürfnis, in Frieden zu leben, leicht in Konflikt geraten. Das Ruhen in der Urnatur sollte jedoch schon »im Herzen« eine Harmonie in sich und mit der Gesellschaft herstellen.

Die Yogis beschreiben den Menschen durch seine drei Funktionen: a.) den »grobstofflichen Körper«,

b.) den »subtilen Körper«, mit dem etwa die elektrochemischen Funktionen gemeint sein könnten, und c.) den »kausalen Körper« als Bau- und Entwicklungsplan. Es geht darum, den grobstofflichen und den subtilen Körper so gut wie möglich zu verstehen sowie zumindest die Impulse aus dem Entwicklungsplan wahrzunehmen. Der Bauplan wird den Yogis wohl nicht offen sein; daran arbeitet die moderne Wissenschaft. Mein Guru scheute sich nicht, moderne Begriffe zu verwenden und sagte demgemäß, das »Selbst«, also der kausale Körper, stecke in jeder Zelle; offen bleibt die Frage, wie sich frühere Yogis den subtilen und den kausalen Körper vorgestellt haben.

Das »Ich« umfasst nur die Fähigkeiten, die der einzelne Mensch konkret entwickelt und aktuell zur Verfügung hat. Das »Selbst« umfasst das Potenzial für tausende Sprachen und tausende Fähigkeiten und unendlich viele Lebensformen; das »Ich« ist begrenzt auf nur einige wenige davon. So wie alle geistig regen Menschen versucht auch der Yogi, sein »Ich« gegenüber dem »Selbst« offen zu halten und so die im Menschen grundgelegten vielfachen Erkenntnismöglichkeiten nützen zu können. Der Yogi unterscheidet sich »nur« durch Theorie und Praxis im Erkenntniserwerb durch Meditation. In der Meditation ist es möglich, sich aus der Bindung an das »Ich« zu lösen, es zu unterlaufen und in seiner »Urnatur zu ruhen«.

Es geht darum, eine kooperative und nicht destruktive Beziehung von den Faktoren »Selbst und Ich« zu suchen. Das angesprochene Modell kann helfen, eine Unterscheidung von allgemeinen, für die Menschheit wichtigen Erkenntnissen und Verhaltensweisen und nicht nur die für Individual- oder Gruppeninteressen gemachten Erkenntnisse zu finden.

Zwar macht die Befriedigung egoistischer Wünsche viele Menschen glücklich; jedenfalls dann, wenn sie kurzsichtig genug sind; aber auch Erkenntnisgewinn und Erkenntnisvollzug machen glücklich. Immer wieder gibt es Menschen, die erkennen, dass der Egoismus für das Leben des Einzelnen nicht immer erfolgreich und für das Überleben der Menschheit immer kontraproduktiv ist. Eine Gemeinschaft von kooperationsfähigen Menschen ist immer stärker als eine Ansammlung von Egoisten. Wohlstand kann durchaus als Individualgut genossen werden, für Freiheit gilt das nur bedingt und für Frieden ist es unmöglich.

Das Ich-Bewusstsein entwickelt sich beim Kind ungefähr ab dem Alter von neun Monaten kontinuierlich und äußert sich gewöhnlich wild in der Trotzphase und in der Pubertät. In den ersten Monaten hat das Kind in der Fülle seiner Urnatur gelebt, die ihm weiterhin neben seinem entstehenden Ich-Bewusstsein zur Verfügung steht. Lernfenster wie etwa Musikalität, Spracherwerb und Bewegungsqualität werden bis zum zehnten Lebensjahr schmäler, schließen sich aber nicht ganz und geben der Entwicklung anderer Lebensnotwendigkeiten den nötigen Raum. Die Entwicklung des »Ich« ist wichtig, um Nähe und Distanz zu erkennen und personale Verantwortung für sich und andere übernehmen zu können und nicht in der großen Welt die Orientierung zu verlieren. Dieser Aufgabe dient der Individualismus; eine Fehlform von diesem ist der Egoismus. Er ist das Ergebnis einer gescheiterten Unterdrückung der »Ich«-Werdung oder der Entstehung, wenn die Umwelt keine Orientierung hergibt. Eine Dominanz des Egoismus ist schädlich und insgesamt wenig hilfreich und eine Art Sucht.

Bei Handlungen, die wir zugunsten anderer Menschen machen, ist eine Suchtgefahr gering, wenn es sie auch gibt, wie die Schenke-Euphorie zu Weihnachten zeigt. Aktivitäten, die man für sich selber macht, unterliegen einer höheren Gefährdung, in Sucht auszuarten. In diesem Fall werden wir dem »Selbst« als dem göttlichen Funken in uns nicht gerecht.

Die »schwarze Pädagogik«, also eine autoritäre Erziehung, in der die Unterdrückung dominiert, bringt zwei zueinanderpassende Charaktere hervor: Wenn sie gelingt, entstehen persönlichkeitsschwache Menschen, sogenannte Jawohl-Sager, die sich eine starke Führung wünschen. Und herrschsüchtige Typen erzeugt das System auch. Der wiederholte und vergebliche Versuch, eine individuelle Entwicklung nicht aufkommen zu lassen, hat durch dauernde Stimulation das »Ich« in der Form als Egoismus hervorgebracht.

Das »Atman« der Yogalehre wird gemeinhin mit »Seele« übersetzt; inwiefern der Inhalt des Begriffes aber gleich ist, hängt von der individuellen Vorstellung ab; das »Atman« oder das »Selbst« ist die Existenz Gottes und der Organisator im Menschen. Die Vorstellung, die Seele sei der Funktionsträger eines individuellen persönlichen Fortlebens nach dem Tod, trifft den Atman-Begriff nicht.

Das »Ich« verhält sich zum »Selbst« wie eine abgesonderte Privatbucht zum See und zu den anderen Buchten; andere zu verstehen ist demnach »das Überfließen der Urnatur«. Eine Boje als Markierung, um zu sich zurückzufinden, würde wohl ausreichen; eine Mauer zur Um- und Mitwelt würde das Ich auch in seiner eigenen Entwicklung – und manchmal sogar in seiner Existenz – behindern.

Die Sensibilität ist die dem Wesen innewohnende Fähigkeit der Wahrnehmung und ist so Teil der Urnatur, also des »Selbst«. Ihre Objekte sind der eigene Körper sowie die Umwelt; ihre Instrumente sind die Körperempfindungen sowie die nach außen gerichteten Sinnesorgane und die Rationalität. In dieser Funktion sorgt die Rationalität für das Verständnis der mannigfaltigen Eindrücke.

Die Emotionen sind wie das »Ich« zwar auch in der Urnatur angelegt, werden aber weitgehend vom »Ich« beeinflusst oder sogar dominiert. Das »Ich«, als das, was man konkret geworden ist, ist beeinflusst von der Kultur im Allgemeinen und den individuellen positiven und negativen Erlebnissen bisher. Das »Ich« ist Träger der Wünsche und Ängste und die Rationalität wird zum Instrument des Strebens nach Glück. Das Wirken aus dem »Ich-Bewusstsein« zeigt sich als Egoismus, wenn man seine Interessen ohne Rücksicht auf die anderen durchzusetzen sucht.

Bernard Shaw zeigt diese Haltung in dem Essay »The selfish Giant«. Wer sich wie anfänglich der Grundherr nur um sich selber kümmert, aber noch sensibel ist, läuft Gefahr, mental zu verkümmern. Der Raketenbauer Wernher von Braun war allerdings so stark interessensorientiert, dass ihn diese Sentimentalität nicht einholte und ihn das Leid der Zwangsarbeiter, die er benützte, im Nazi-System rundum offensichtlich nicht berührte.

Das Leben aus der Urnatur, deren Existenz man durch Zufall oder durch Meditation bewusst geworden ist, beinhaltet die Verantwortung für das Leben, die es persönlich zu tragen gilt – das ist Individualismus. Diese Verantwortung ist nicht unendlich; sie sollte allerdings so weit reichen, wie man wirken kann.

Menschenrechtskonforme Militärordnungen schließen die Befolgung strafgesetzwidriger Handlungen vom Gehorsamszwang aus. Dem Anspruch auf humanitär verantwortliches Handeln zu entsprechen, fällt jedoch der aktuellen Zivilisation offensichtlich sehr schwer; sie ist nur kleinräumig berührt von einem sozialen und von einem ökologischen Gewissen.

Da stellen sich dem Autor dieses Textes zwei Fragen: Was ist das Erziehungsziel und wie ist es zu erreichen? Bis in den Zweiten Weltkrieg hinein galten Autoritätsgläubigkeit und Gehorsam zumindest im deutschen Raum als Erziehungsziel; die 68er-Bewegung hinterfragte das kritisch. Die Eltern wollen glückliche Kinder haben; soll Egoismus das alte Ziel der Kindererziehung ablösen oder soll das Ziel die Heranbildung von individualistischen Menschen sein, die Selbstbestimmung in Verantwortung leben wollen?

Nun drei Beispielsfelder für das Verhältnis von »Ich« und »Selbst«:

a) Adam Smith (1723 bis 1790) war der Erfinder der klassischen Nationalökonomie und ist nach wie vor der Referenzheilige der Neoliberalen. Er postulierte, dass dem allgemein Besten am besten gedient sei, wenn man den Individualinteressen freien Lauf ließe. Er machte im Unterschied zu seinen modernen Fans zwar Einschränkungen für den internationalen Warenverkehr und hielt Aktiengesellschaften für untaugliche Einrichtungen – das hält aber seine Fans nicht davon ab, an ihn zu glauben.

Er erkannte damals noch nicht die Begrenztheit der Welt. Als Entdecker der »Unsichtbaren Hand«, die den Markt reguliert, konnte er noch nicht wissen, dass diese Hand sozial kurzsichtig und ökologisch blind ist (»the invisible hand is insensible«). Und die Neoliberalen anerkennen das bis heute nicht und desavouieren gemäß der tradierten Sicht lieber die Umweltbewegungen.

Der »Ich bin ich«-Egoismus begrenzt häufig die Lernfähigkeit und hat oft einen Selbstschädigungsaspekt. Der »Markt« ist kein Ersatzgott!

b) Edward Teller, der Vater der Wasserstoffbombe, vertrat das Sicherheitsinteresse der USA und stand im Konflikt mit dem Vater der Atombombe Robert Oppenheimer, der das Sicherheitsinteresse der ganzen Welt im Auge hatte. Dabei siegte das Gruppeninteresse über das Gemeinschaftsinteresse und Oppenheimer wurde wegen Unzuverlässigkeit aus dem Club der Bombenbastler ausgeschlossen. Oppenheimer schätzte die Bhagavad Gita und konnte sie sogar in der Originalsprache Sanskrit lesen; und für Teller war Oppenheimers Geisteswelt unheimlich und ein Dorn im Auge.

c) Der Neoliberalismus als vorherrschende Doktrin fördert den Egoismus und nur im engen Bereich die Zusammenarbeit; es scheint so zu sein, dass sich die Leute vor lauter Individualisierung immer weniger für Gemeinschaften oder nur noch für kleinere Gruppen begeistern lassen; Privatinteressen genießen Vorrang vor Staats- oder Gemeinschaftsinteressen.

Dazu drängt sich das Beispiel des klassischen Griechenland auf. Griechenland hatte schon damals ein schlampiges, unzureichendes Steuersystem und war auf die Spendenbereitschaft der reichen Privatleute angewiesen. Diese spendeten vorerst je nach Bedarf Tempel, Brücken oder Kriegsschiffe. Privat heißt »idios«, und als die »idiotes« (das sind die Privatleute) später das Staatssystem nicht mehr hinreichend unterstützten, wandelte sich das Wort zu einer negativen Bedeutung und fand unter dieser Einzug in die internationale Sprachwelt als »Idioten«. Ob die heutigen Systemgewinner in Griechenland, die ihr Geld vor der Staatskrise und damit »rechtzeitig« ins Ausland haben transferieren können, das auch so sehen, muss man allerdings bezweifeln.

Es fehlt nicht an schönen Formulierungen und an »wahren Worten«, wie ein friedliches Zusammenleben der Menschen untereinander zu bewerkstelligen wäre. Man solle den anderen so behandeln, wie man selbst behandelt sein wollte, sagt die aus der Bibel stammende Goldene Regel, die von Immanuel Kant in philosophisch klingenden Worten im kategorischen Imperativ wiedergegeben wird.

Dieses ethische Spitzenprodukt hat es real nicht zur Geburt gebracht und ist nur zu einem Ruhekissen des Gewissens vieler Menschen geworden, die sich im Besitz einer hervorragenden Ethik wähnen. An ihre Stelle ist das kampfbetonte Konkurrenzprinzip getreten. Aus dem nebulosen Gutsein-Gefühl brechen derzeit viele Rechtsliberale aus und lösen zum Teil Empörung aus. Aber hängen nicht viele von uns eher am Standard des christlichen Abendlandes als an der christlichen Ethik?

Die Frage, warum das psychische System häufig nur in Teileinheiten wirksam wird und nur selten in seiner Ganzheit, wäre nur spekulativ zu beantworten; die Tatsache, dass es so ist, ist unleugbar. Der permanente Mangel an Ganzheitlichkeit erzeugt schweres Leiden, und zwar nicht immer für das Individuum selbst, jedenfalls aber immer für die Gemeinschaft.

Die geringe Haltbarkeit hochethischer Systeme ist die eine Sache; dass diese Modelle aber möglich sind, zeigt auch die Forschung. Die moderne Gehirnwissenschaft hat die Spiegelneuronen entdeckt; diese üben die Funktion aus, die Empfindungen – Schmerz oder Freude – des anderen mitzufühlen. Neben dieser grundsätzlichen Möglichkeit bietet die Wirklichkeit häufig das Bild, dass die Opfer empfindlicher sind als die Täter. In diesem Fall sind die Spiegelneuronen nicht aktiviert oder ihre Funktion wird durch andere Emotionen oder durch die Rationalität überlagert. Emotionen sind nicht immer der Ausdruck der eigenen »Urnatur«, sondern oft Ergebnisse von äußerer Einflussnahme; um von der Stimmung bei einer öffentlichen Großveranstaltung mitgenommen zu werden, braucht es nur geringe Sensibilität, die löst aber oft große Emotionen aus. Rationalität bezieht sich nur auf wenige Faktoren und greift daher oft zu kurz, um optimale individuelle oder gesellschaftliche Entscheidungen hervorzubringen.

Am Ende der Darstellung der drei obigen Beispiele (a bis c) möchte ich auf den kategorischen Imperativ Kants hinweisen: Welche der genannten Verhaltensweisen wäre geeignet, als Prinzip des gesellschaftlichen Lebens zu dienen? Der Mangel der Fähigkeit der Gestaltung des friedlichen Zusammenlebens liegt offensichtlich nicht an hinreichendem kulturellem Wissen, sondern in der Schwierigkeit, individuelle Sensibilität und Emotionalität mit entsprechender Rationalität in Harmonie zu bringen.

Aber zurück zum Menschen, der in den Dimensionen als physischer Körper, in seinen Prozessen und in seiner Information existiert, wobei die Information dem Bauplan entspricht und in jeder Zelle spezifisch repräsentiert ist.

Die mittelalterlichen Mystiker Meister Eckehard und Giordano Bruno sprachen auch vom Göttlichen Funken im Menschen bzw. vom Pantheismus und vertraten gegen das Partialinteresse der Kirche damit das Gemeinschaftsinteresse der Menschheit – das tat den beiden nicht gut. Die Mystik erlitt im christlichen Abendland ein trauriges Schicksal. Selbst Hildegard von Bingen, die große Mystikerin des Mittelalters (1098 bis 1179), die eigentlich nicht verfolgt wurde, litt psychisch und physisch an der Dissonanz von kirchlicher Lehre und ihrer Erfahrung.

Bis zu Thomas von Aquin (1225 bis 1274) rang die Kirche unter zu Hilfenahme griechischer Philosophen auf vielen Konzilen um eine optimale Ausformung der Lehre; dann aber betonierte sie die Glaubensinhalte auf die thomistische Interpretation nach Aristoteles ein. Aus Angst, aus der Mystik würden abweichende Lehren erwachsen, unterdrückte die Kirche nicht nur die Mystik außerhalb der Kirche, sondern auch ihre eigenen Mystiker.

Schon mit der Einrichtung des Christentums als Staatsreligion im 4. Jahrhundert hatte sich die Kirche mit der politischen Macht verbrüdert; insbesondere im Mittelalter aber half sie ihr, das Institut Leibeigenschaft einzuführen und aufrechtzuerhalten. Geistige und physische Unterdrückung fanden sich zusammen. Erst die Aufklärung forderte wieder »Freiheit, Gleichheit und Brüderlichkeit« – Werte also, die dem Christus-Geist ohnedies entsprechen.

In der Gegenwart scheint geboten zu sein, mehr Christus und mit ihm orientalische Mystik mit ihrer systemischen Wahrnehmung ins Spiel zu bringen und von Aristoteles eher abzulassen; denn auch die westliche Aufklärung baut auf strukturellem Denken nach Aristoteles auf, und zusammen macht das »zu viel Denken und zu wenig Erkennen« (siehe später). Die Glaubensreligionen versuchen, ihre jeweiligen Inhalte als objektive Wahrheit vorzugeben; die spirituell dominierten Richtungen vertrauen auf die Wirklichkeit subjektiver Erfahrungen, wenn sie unter vorgegebenen Bedingungen entstehen. Und die Bedingungen der Geisteswissenschaften sind andere als die der Naturwissenschaften.

Wohltuend und heilsam scheint mir die Hinwendung des Gehirnforschers Manfred Spitzer zur Ideenlehre des Platon zu sein: Unabhängig von der objektiven Existenz von Freiheit führt der Glaube an die Idee von Freiheit zu mehr Freiheit, so wie die Idee von Gerechtigkeit zu mehr Gerechtigkeit führt.

Ein junger Mann kommt zu einem buddhistischen Mönch und bittet ihn, ihm Erleuchtung zu vermitteln. Der Meister gibt ihm entsprechende Unterweisungen und schickt ihn zu einer entfernten Höhle, worin er so lange meditieren solle, bis er Erleuchtung erlangt habe.

Der Schüler kommt nach einigen Jahren hoch erfreut zurück und berichtet von seiner Erleuchtung. Weil der Schüler vom Regen nass ist, fragt ihn der Meister, wo denn der Regenschirm sei, den er damals bei sich hatte. Nachdem der Schüler das nicht mehr weiß, schickt ihn der Meister zurück in die Höhle, um darüber zu meditieren. Nach erlangter Grundfähigkeit sollten Spezialaufgaben auch in zeitlich praktikablen Abständen zu lösen sein.

Der aktuelle Papst, Papst Franziskus, lebt offensichtlich den Christus-Geist. Religionen ruhen auf sensiblen Beinen und die Überfrachtung mit rationaler Dogmatik schädigt ihren Urgrund. Das Gefühl, »in Gottes Hand« zu ruhen, ist für sich schon super, sollte einen aber nicht veranlassen, seinen Körper von der Klippe zu stürzen (siehe später). Nicht was Aristoteles oder Christus in der Beantwortung der Fragen ihrer Zeit sagten, kann das ultimative Handlungsziel vorgeben, sondern ihren Geist nachzuempfinden und aus diesem Geist das Leben aktuell zu gestalten.

Es ist total witzig und völlig unerklärlich, dass gerade zur Lebenszeit von Thomas von Aquin der Weise Ramanuja in Indien die Weisheitslehre aus der Zeit vor der Zeitenwende, die Weden (Weda = Weisheit), zu ihrer systemimmanenten Vollendung gebracht hat, was unter dem Namen »Wedantaa« (Ende der Weden) in der indischen Philosophie Eingang gefunden hat. Die Zeitabläufe sind parallel, die Aussagen durchaus verschieden. In meinem Text versuche ich, die Wedanta-Lehre darzustellen.

Allerdings brachte dieser religiöse Fortschritt keinen gesellschaftlichen; ab dieser Zeit bekam Indien durch entsprechende Eroberungen eine muslimische Machtspitze; diese durch fehlende Kooperation der indischen Fürsten entstandene Machtverschiebung bezeichnete mein Guru als Fehler; Verteidigung ist vom allgemeinen Gewaltverbot ausgenommen. Die als Vasallen weiter existierenden zumindest 400 hinduistischen Maha Rajahs behielten ihre Paläste und entschädigten sich für ihren Machtverlust durch luxuriöses Leben; die religiöse Dimension verflachte und gesellschaftliche Weiterentwicklungen blieben aus. Die spirituellen Leitpersönlichkeiten wurden aus den Fürstenhöfen vertrieben und in die Wälder verbannt. Und auch die britischen Besatzer unterdrückten die einheimische Kultur und drängten sie in die Privatheit. Erst die Freiheitsbewegung im 19. Jahrhundert gab ihr wieder Bedeutung; an dieser Reanimation hatten internationale Wissenschaftler, insbesondere englische und deutsche, wegen ihrer gezeigten Wertschätzung großen Anteil.

Es ist eine unleugbare Tatsache, dass mit den massiven, 500 Jahre lang dauernden Einschränkungen der geistigen Entwicklung nicht nur in Indien, sondern auch in Europa, das über die halbe Welt herrschte, massive Entwicklungsdefizite entstanden. Nun ist es höchste Zeit, die Versäumnisse aufzuholen.

Es wird sich zeigen, ob die in Indien noch vorhandene Spiritualität aus dem persönlichen Bereich hinausreicht und im Sinne der aktuellen ethischen Einsichten gesellschaftlich wirkkräftig wird. Die bisherigen 70 Jahre Selbstständigkeit Indiens sind wenig für eine gesellschaftliche Entwicklung; es gibt noch viel zu tun.

Europa als Vorbild für die gesellschaftliche Entwicklung zu nehmen, ist zumindest aus ökologischen Gründen unmöglich. Es würde jedenfalls ein großes politisches Vorhaben sein, die Not und die damit verbundenen Armutsprobleme hunderter Millionen Inder zu lindern oder zu beseitigen, ohne die weltweit gegebenen ökologischen Zustände zu verschlechtern.

Immerhin ist es gelungen, das Wachstum der Bevölkerung zu minimieren; die europäische Kultur ist nun schon seit 200 Jahren damit beschäftigt, die Moderne zu installieren und hat doch noch keine gültige Formel dafür gefunden und die neu dazukommenden Völker tun sich auch nicht leichter mit dieser Umstellung.

Redet man vom Yoga als ideale Kulturtechnik im Umfeld Indiens, so kann einem die Lotusblüte in den Sinn kommen. Sie gilt als das Symbol der Reinheit, die aus Schlamm und Sumpf herauswächst und nicht vom Schmutz der gesellschaftlichen Schwierigkeiten berührt ist; wie weit diese Technik wirksam wird, hängt weitgehend von ihren Repräsentanten ab. Sie stehen irgendwo am Anfang, in der Mitte oder am Ende dieses Wegs und manche oder viele mögen ihre Schwächen haben; nachdem Yoga zwar ein System ist, es in diesem System aber kaum zur Bildung von großen Institutionen gekommen ist, gibt es keine Ansprüche auf ein Patent und die Bewegung ist immer neu und frisch.

Nur doppelt so lang, also 140 Jahre, ist es her, dass die katholische Kirche von ihrer eigenen Herrschaftsmacht befreit wurde und so wieder frei geworden ist, den Geist Christi zu vertreten und sich nicht um Machterhaltung kümmern zu müssen. Die katholische Lehre wurde mit Thomas auf Schiene gesetzt und sogar noch 2001 erteilte die Glaubenskongregation dem Benediktinermönch und Zen-Lehrer Williges Jäger ein Schreib- und Lehrverbot, weil er einen abstrakten Gott ins Spiel brachte und nicht einen »personalen«, wie es die Kirche wünscht.

Christus sagte zwar »an den Früchten sollt ihr sie erkennen«, – aber zur Zeit der Aufklärung war die Religion schon längst konserviert und hatte ihre Fruchtbarkeit verloren. Die europäische Aufklärung, die etwa um 1800 begann, hatte ein freies Spielfeld, auf dem es keine ihr entgegengestellte Kraft gab und sie ihre Physik- und Technikdominanz frei entwickeln konnte und so die Existenz der Menschheit gefährdet: Vielleicht hat Goethe diese Entwicklung mit seinem »Zauberlehrling« vorausempfunden?

Trotz der für die Mystik ungünstigen Bedingungen entstanden etwa bei den Benediktinern oder bei den Jesuiten kontemplative Techniken, die sich auch erhalten haben und neuerdings boomen. Dazu kommt, dass viele Klöster auch östliche Erkenntnistechniken anbieten, an denen sich vielleicht auch christliche Spiritualität weiter entwickeln kann. Ein Beispiel für etliche gelungene Versuche ist der Benediktinermönch Bruder Steindl-Rast.

Außerdem vertritt die offizielle Kirche ein interessantes Denkmodell, wenn es auch für die Laienchristen nicht sonderlich gern kommuniziert wird: Zumindest in der Form des Heiligen Geistes wirkt Gott in uns, denn anders könnte der Heilige Geist aus uns nicht wirken. Er ist nämlich offensichtlich darauf angewiesen, unseren Geistesapparat zu nützen. Der ihm zugedachte geringe Stellenwert zeigt sich möglicherweise in der darstellenden Kunst: Der Heilige Geist muss sein Leben als Taube fristen, während Gott Vater und Christus zumindest als Menschen zur Darstellung kommen.

Christentum und Yoga unterscheiden sich eher graduell als prinzipiell: Yoga stellt den Heiligen Geist als Aspekt Gottes ins Zentrum seiner Bemühungen und macht sich mit dem Schöpfergott weniger zu schaffen – im Christentum scheint es gerade umgekehrt zu sein. Allerdings macht die katholische Kirche zumindest zweimal eine Ausnahme davon: Der Papst kann sich im Falle seiner Entscheidungen auf den Heiligen Geist berufen; und auch das Konklave als Gremium für die Papstwahl beruft sich auf den Heiligen Geist als Entscheidungshelfer.

Fasst man ins Auge, wie sehr der Mensch dem Schöpfer der Welt die Gestaltung des Lebensraums aus den Händen nimmt und selbst übernimmt, erscheint es sinnvoll, lieber beim Heiligen Geist in die Schule zu gehen, als bei Gott für unsere Missgriffe um Verzeihung zu bitten. Die Verantwortung für das Leben sollte nicht »entmenschlicht« und den Umständen oder Gott zugeschoben werden. Erfolge hingegen werden gerne personalisiert, man sagt: »Ich, ich habe diese oder jene Leistung vollbracht«, und lässt sich dafür bezahlen.

Eine interessante Parallele zur Ansicht des Yoga, der Gott nicht als Kriseninterventionisten sieht, sondern eher den eigenen Geist als Lebenshelfer nennt, zeigt die Schöpfungsgeschichte im Alten Testament. Nach sechs wahrscheinlich sehr langen Tagen vollbrachter Schöpfungsarbeit begann Gott einen Tag lang zu ruhen; und wir wissen nicht, ob dieser Tag schon zu Ende gegangen und der Mensch noch immer auf seine Erkenntnisfähigkeit angewiesen ist.

Die Interpretation der Juden und der Christen, den siebenten Tag als Sabbath bzw. Sonntag zum Ruhetag zu erklären, scheint für eine solche gewaltige Schöpfungstat etwas kleinkariert.

Vielleicht bedauerte der Schreiber dieser Bibelstelle, dass sich Gott vom Schöpfungsakt zurückgezogen habe und für Interventionen nicht mehr zu haben sei. Darauf weist zumindest die Stelle aus dem Alten Testament hin: »Tauet Himmel den Gerechten; Wolken regnet ihn herab! also rief in langen Nächten, als die Welt ein weites Grab.« Auch das ist eine Spekulation – aber eine spekulative Religion ist halbseitig gelähmt, wenn sie keine weiteren Spekulationen zulässt und nicht zumindest für ihre Tradition streitet.

Ein Widerspruch im System tut sich auf: Einerseits wird das Ergreifen der Erkenntnis mit der Vertreibung aus dem Paradies bestraft; andererseits wird der Heilige Geist als Erkenntnishelfer installiert. Je nachdem, welche Sequenz die stärkere Interpretation findet, ergibt sich die jeweilige Konsequenz. Das Judentum behinderte die geistige Entwicklung seiner Mitglieder offensichtlich nicht, was auch zu gesellschaftlichen Dissonanzen mit der Mehrheitsgesellschaft geführt hat.

Im Gegensatz zu diesem pflegte die katholische Kirche ihre Erkenntnisskepsis und half auch bei der Geburt der Moderne durch die Aufklärung nicht mit, sodass diese ohne das alte Kulturgut Spiritualität aufwuchs; die Kirche hatte die spirituellen Techniken außerhalb von ihr längst unterbunden. Die aktuelle Entwicklung ist so zum Selbstläufer geworden und wird immer weniger durch einen Lebenssinn gestützt. Man kann zwar ohne ganzheitliche Schau – der religiöse Name dafür ist Spiritualität – eine Zeitlang sehr gut leben; aber so ein Leben führt zu unlösbaren Problemen. Es wäre zu wünschen, dass das Gegensatzpaar »Interesse als kurzfristige und Sinn als langfristige Zielvorgabe« wieder mehr zusammenfindet.

Die strikte Vorgabe des Glaubensinhaltes ist wahrscheinlich eine der Ursachen für das gegenwärtig verbreitete Desinteresse an der christlichen Religion in Europa. Schenkt man einem Buben einen Baukasten oder einem Mädchen ein Puppenhaus, die zu eigener Kreativität anregen, wird dies zu länger anhaltender Freude führen, als wenn man irgendeine fertige Sache schenkt, die vielleicht anfangs attraktiver ist, aber kein nachhaltiges Interesse stimulieren kann. Es gibt zwar Leute, die sich am immer gleichen Schauspiel erfreuen lassen; viele bevorzugen aber eine Bühne, auf der sie mitspielen können. Welche Freude kann es machen, mit einem dogmengestützten Religionsexperten zu diskutieren? Die ewig gleichen Antworten können schon langweilen.

Die Fragen aber, mit denen sich die Religionen beschäftigen, sind immer neu und bedürfen immer neuer Antworten und befinden sich im Repertoire vieler, geistig reger Menschen. Etwa: Wie groß ist die Gruppe von Menschen, der ich mich zugehörig empfinde oder der ich mich verantwortlich fühle?

Ungefährlich für die mittelalterliche Lehre der Kirche war die Psychotechnik, die körpereigene Opiate erzeugt: Askese und Selbst-Geißelung. Darauf reagiert der Körper durch die Erzeugung des Hormons Endorphin, das das Empfindungssystem – den limbischen Komplex – wie mit einem Wattepolster umgibt und weniger empfindlich macht. Hört der konkrete Schmerz auf und nach dem Ende einer starken körperlichen Anstrengung wirken die Hormone weiter und es bleibt das wohlige Gefühl, von keinem Problem berührt zu sein – ein Gipfelerlebnis eben, und das nicht nur für die Bergsteiger. Im Gegensatz zur Bewusstseinserweiterung handelt es sich hier um eine Technik der Leid- und Schmerzunempfindlichkeit; die Wirkung entspricht der Einnahme von Opiaten.

Als ein Ergebnis sowohl von Askese als auch von Meditation kann ein Gefühl wie beim Orgasmus entstehen. Frauen, die sowohl die einen wie die anderen Erfahrungen haben, weisen auf eine gewisse Gleichheit hin. Männer erleben die Sexualität offensichtlich anders – sie erkennen die entsprechenden Gefühle nicht als gleichartig. Bei ausreichendem Training lässt sich der Orgasmus als Gipfelerlebnis durch Meditation gezielt herbeiführen; aber wie weit Martyrium und Orgasmus Schritte auf dem Erkenntnisweg ergeben, ist unsicher.

Im Tantra-Yoga, einer der vielen Splittergruppen in der indischen Kultur, soll der sexuell herbeigeführte Orgasmus erkenntnistechnisch genützt werden, so wie es Bhagwan Rajneesh in seinem Ashram einsetzte. Da weder die asketische mittelalterliche Klosterkultur noch die gewiss reizvollere Tantra-Technik große Erfolge herbeigeführt haben, will ich wieder auf den »mittleren Weg« zurückkehren, also zum Mainstream-Yoga.

Auch im Yoga spielt die Askese die Rolle, Unempfindlichkeit gegen Körperschmerzen und gegen Leid zu trainieren – ob es sich nun im Einzelfall um Yoga oder um Masochismus handelt, ergibt sich aus dem Verhältnis von Mühe und Erfolg; es gilt demnach, einen Guru nach den eigenen Bedürfnissen und nach dem Verlangen nach einem rascheren oder gemächlicheren Fortschritt zu finden. Das Vorkommen von schikanösem Verhalten in geistlichen Einrichtungen zeigt, dass ein gutes Mischungsverhältnis nicht immer gefunden wird.

Das, was man unter anderem lernen will, nämlich Menschenkenntnis, sollte man schon bei der Wahl seines Gurus antizipieren; ein entsprechendes Umfeld ist dabei hilfreich. Yoga-Aspiranten können auch oft ganz schön hart trainieren und große Strapazen auf sich nehmen, weil große und schnelle Fortschritte ihren Preis kosten. Fakire und Sufis sind das in der islamischen Kultur, was Yogis in der hinduistischen Welt sind, Weisheitssucher und Weisheitstrainer. Dass Yogis, Sufis und Fakire ihre Körper- und Geisteskräfte zur Schau stellen, kommt natürlich auch vor, läuft aber sozusagen außer Programm.

Als Extrembeispiel für Forschungsarbeit gilt, dass sich Yogis mehrere Tage, Monate oder Jahre in Höhlen einmauern lassen, wobei der Stoffwechsel nur über eine Klappe von außen gewährleistet wird. Risiken werden in Kauf genommen, Märtyrertum ist nicht vorgesehen.

Für mich von persönlicher Nähe geprägt ist die Erzählung eines Erlebnisses, das Christus während seiner Fastenzeit in der Wüste hatte. Er erlebte da das Gefühl, schwerelos zu sein, dem er nicht nachgab und demgemäß der Einflüsterung des Satans, von einer Klippe hinunterzuspringen, widersagte. Entsteht das Gefühl durch Drogen, wäre die rationale Übersteuerung nicht gesichert – viele Junkies sind in dieser Situation schon gesprungen.

Ich kenne die Situation, das Gefühl, schwerelos zu sein und quasi fliegen zu können, unter anderem aus einer äußerst beschwerlichen Wanderung auf Kreta, die mir zeigte, wie sehr Christus auch irdisch war. Durch dieses irdisch zustande gekommene Erlebnis zeigt er sich als Bruder der Menschen, der sich durch menschliche Erfahrungstechnik entwickelt hat.

Ich freue mich an diesem Erlebnis, das ich mit Christus teilen darf, und nehme sein Angebot, sein Bruder zu sein, gerne an. Ob man bei einer Meditation nun tatsächlich in der Luft geschwebt ist oder nur das Schweregefühl verloren hat, ist im Nachhinein nicht leicht zu erkennen; seit ich aber diese Empfindung aus einem Vollzugsmangel nur für eine Körperhälfte hatte, fällt mir die Einordnung leicht.

Die asketischen Übungen, die auf einen Yogalehrling in Indien zukommen, sind ziemlich sicher periodenweises Fasten und oft auch primitive Lebensform, wodurch der zukünftige Yogi lernt, die Strapazen des einfachen Lebens auszuhalten. Die Mitwirkung am Haushalt des Gurus und die damit verbundenen Schmutzarbeiten können einen verwöhnten Brahmanensohn Überwindung kosten; die dabei geübten Fertigkeiten führen jedoch zur Fähigkeit, selbstständig leben zu können.

In dem Ashram, wo meine Frau und ich lernten, verlangte der Meister von den Schülern, die Meditationshalle zu reinigen; das war in diesem Fall für die Schüler aus dem Westen eine geringere

Provokation als für die Neulinge aus Indien; der Umgang mit Schmutz wird in Indien »kastengemäß« organisiert. Eine vegetarische Ernährung, die einzuhalten war, ist wegen der Qualität indischer Kochkunst auch für westliche Schüler sicher keine große Überwindung; daneben gibt es Alkohol-, Nikotin- und Drogenverbot. Für den Yogi selbst gibt es kein Armutsgebot – anhaften sollte er allerdings nicht und übertriebenes Besitzstreben würde seinen Wert für die anderen beeinträchtigen.

In einem Nachbar-Ashram, dem »Swarg«- oder Himmels-Ashram, hielten sich die Beatles für einige Wochen auf; nach einem glaubwürdigen Gerücht bemerkte einer der vier, dass der dortige Guru den jungen westlichen Schülerinnen nachstellte und heimlich Fleisch aß; ein anderer Beatle ging während der Zeit seines Aufenthaltes in Indien auf Tigerjagd. »Heiligkeit« ist also nicht so leicht zu haben!

Ein Erfolg versprechender Weg zur Erleuchtung wird von einem zölibatären Leben gefördert und von Schülern mit einem solchen Engagement auch vielfach gefordert; Meister sind hingegen auch oft verheiratet. Der Zölibat, der wegen der Kollateralschäden sein Prestige in Europa verloren hat, ist nichtsdestotrotz eine Herausforderung, an der viele Aspiranten ihre Willensstärke üben wollen. Mein indischer Meister nahm jedenfalls westlichen Schülern kein Zölibatsversprechen ab. Indem der Yoga die Sensibilität fördert, können sich auch ganzheitliche Liebesbeziehungen intensivieren oder Beziehungen, die ohne das Fundament der Liebe gelebt werden, auflösen.

Für aufgeklärte Menschen, die nicht aus Liebe zu Gott, sondern für ihren eigenen geistigen Fortschritt handeln, ergibt sich hier die Frage, ob der Verzicht auf sexuelle Lusterfahrung gegenüber der Erfahrung von Erleuchtung vernünftig sei. Jemand, der frei ist von der Erfahrung eines freudvollen Erkenntnisprozesses und von Erleuchtung, wird diese Hingabe gewiss als unvernünftig einstufen. Demgemäß wird der extreme Yogaweg auch selten beschritten. Nicht nur in Indien finden sich trotzdem etliche Erkenntnissucher, die auch einen extremen Weg erfolgreich auf sich nehmen. Sexuelle Enthaltsamkeit erzeugt eine geistige Spannung, die sich in der Meditation in Wahrnehmung und Kreativität wandeln soll; ausgiebiger Fleischkonsum erzeugt allerdings eine wohltuende Entspannung und hebt die Wirkung des Verzichts auf Sexualität wieder auf. Diese Wahrnehmung steht Pate für die Idee der Fastenzeiten oder auch der Exerzitien. Für alle, die sich auf den Erkenntnisweg Yoga begeben, stehen nicht nur extreme, sondern auch moderate Wege zur Verfügung.

Für bloße Verwalter der Lehre von Gott, wie sich das im Katholizismus manchmal darstellt, ist der Zölibat eine unverhältnismäßig schwere Bürde; im Hinblick auf seine gesetzliche Implantierung im 11. Jahrhundert scheint er aber zusätzlich auch einem anderen Zweck gedient zu haben. In dieser Zeit gab es wegen starken Bevölkerungszuwachses eine Knappheit von Lebenschancen, die schließlich auch in die Kreuzzüge geführt hat.

Die Kirche wollte nun so, wie es im asiatischen Mönchstum schon lange üblich war, für ihre Elite einen Rückzug aus der Sexualität, um dem Bevölkerungswachstum entgegenzuwirken, mit dem Propagandatrick der Jungfräulichkeit auf die jungen Frauen glaubwürdiger wirken zu können und den Knechten und Mägden die Fortpflanzung so weit wie möglich zu vermiesen. Es wäre fair gewesen, auf diesem schwierigen Weg vorbildhaft voranzugehen; Fairness sollte der Kirche zumutbar gewesen sein.

Aus dem Mittelalter heraus bis tief in die Neuzeit wurde den Knechten und Mägden eine Hochzeit verweigert und den unverheirateten Müttern wurden die Kinder weggenommen und zur späteren Verwendung als Knechte oder Mägde anderer Bauern übergeben. Und uneheliche Kinder waren ihr Leben lang ehrlos und niemand musste sich an Verträge halten, die mit ihnen geschlossen wurden.

Für die Bemühung, Auswege aus einer gefährlichen Bevölkerungsentwicklung zu finden, unter denen die Menschen von Zeit zu Zeit leiden, können auch große individuelle Anstrengungen als wertvoll und vernünftig angesehen werden. Die Eltern mögen den Priestern, die ihren Töchtern die frühe Mutterschaft ersparten, dankbar gewesen sein; dem Prestige der Kirche hat es nicht genützt. Die Bestrafung für verbotenen Sex reichte offensichtlich aber nicht aus, den Sexualtrieb auf ein gesellschaftlich vertretbares Maß einzuschränken. Und ob sich Mädchen und Frauen vor der Hölle oder doch vor Kindern mehr fürchteten, ist heute schwer zu sagen.

In Europa überstieg im 19. Jahrhundert die Zahl der Abtreibungen die Zahl der Geburten bei Weitem; und das bei einer weit höheren Lebensgefahr der Frau durch die Abtreibung als bei einer Entbindung. Die Zeitspanne zwischen der Entwicklung hochwertiger Medizin zur Überlebenssicherung und der Mittel wie der Pille zur Verhütung unerwünschter Schwangerschaften war gerade für die Frauen lebensgefährlich.

Vor dieser Zeit und außerhalb dieser »Kulturtechnik« trugen traditionell die jungen Männer als Soldaten das Risiko, in ihrer Zahl reduziert zu werden. In den aktuellen Kriegen ist allerdings die Opferzahl unter Frauen und Kindern meist höher als unter den Soldaten.

In Indien und China, wo man sich nun auch erfolgreich von Staats wegen bemüht, das Bevölkerungswachstum einzuschränken, befinden sich die weiblichen Föten in größerer Gefahr als die männlichen.

Die »Evolution« belohnt Kooperation durch Wohlgefühl, sieht aber auch zwischenmenschliche Gewalt vor, um das gesamte Zusammenleben auf der Welt irgendwie im Gleichgewicht zu halten. Die Unterscheidung, welche Handlungsweise einer proklamierten Ethik entspricht und welche Handlungen dem eigenen Interesse dienen, fällt den Menschen einigermaßen schwer.

Eine angepasste Reproduktionsquote optimal, also friedlich, herzustellen ist schwierig und jedenfalls ein Erfolg der kulturellen Evolution. Im Jahr 1650 gab es weltweit 500 Millionen Menschen, heute sind es allein europaweit etwas mehr und auf der ganzen Welt knapp 8 Milliarden. Sexualität mit ihrer natürlichen Folge ist friedensrelevant und wurde daher auch immer wieder im gesellschaftlichen Kontext problematisiert.

Ein anderer religiöser Grund, auf Fortpflanzung zu verzichten, besteht darin, der kulturellen Evolution auch mental Vorrang vor der genetischen zu geben; Leute mit Kindern werden gewöhnlich etwas anders denken als Leute ohne Kinder. Wie weit die Idee fruchtet, dadurch nationalistischen, also abstammungsbedingten Interessen internationale, also der kulturellen Evolution geschuldete Humanität überzuordnen, bleibt dahingestellt.

Dass manche Muslime darauf hoffen, durch genetische Vermehrung der Kultur des Islam zum Wachstum zu verhelfen, ist eine eigenartige Auffassung von genetischer und kultureller Evolution und zeigt die bedenkliche Vermischung von Stammesdenken und Religion.

Auf die Überlegungen, ob die Herausbildung von Religionen kriegs- oder friedensförderlich ist, will ich hier nur kurz hinweisen. Religionen sind Kulturtechniken, die Antworten auf Lebensfragen geben oder suchen, und brauchen so wie Gedanken keinen Raum. Menschen allerdings wollen manchmal neue Räume und Gewinnzonen erschließen und Völker wollen manchmal expandieren; für diesen Fall lassen sich Religionen und andere Weltanschauungen gut als Argumente verwenden. Auch Russland hat den Internationalismus der Marx'schen Theorie nur für seine nationalistischen Machtgelüste missbraucht.

Religionen sind wie Medikamente entweder heilsam oder wirkungslos oder sie weisen schädliche Nebenwirkungen auf. Mit dem Islam gibt es unbestreitbar Ärger; es gibt sowohl Kämpfe untereinander und damit Flüchtlingsströme als auch Angriffe auf sogenannte Ungläubige. Man kann das gut und gern dem Islam in die Schuhe schieben; aber wenn wir uns im Westen nicht nur zum Kampf provozieren lassen, sondern auch zum Denken darüber, wie ungerecht wir mit den Mitmenschen und wie unverantwortlich wir mit der Umwelt umgehen, könnte der Islam sogar heilsam sein – ein Medikament, wenn auch eine bittere Pille.

Für die Religionen des Hinduismus und den Buddhismus, in deren Namen noch kein Krieg geführt wurde, scheint friedensfördernd zu wirken, dass es da gelingt, nationale und kulturelle Interessen auseinanderzuhalten und so eine missbräuchliche Verwendung der Religion hintanzustellen.

Und nun von der Soziologie zurück zur Psychologie: Der freiwillige Umgang mit eigenem Leid und Einschränkungen soll den

Aspiranten fähig machen, eine Abwehrtechnik, einen Schmerzfilter also, gegen eigenes und fremdes Leid zu entwickeln – das heißt entsprechende Hormone zu erzeugen. Unter diesem Schutz soll es gelingen, seine eigene Empfindsamkeit zu erhalten, den Durchblick zu bewahren, durch das Leiden in der Welt nicht abzustumpfen und selbst nicht grausam zu werden.

Im Übrigen bewahrt dieser Filter nicht nur den Papst und den Dalai Lama, sondern auch mich davor, all seine Güter wegzugeben und so arm wie Franz von Assisi zu leben. Zugegebenermaßen ist es immer etwas peinlich, über Sensibilität und Mitgefühl zu reden, ohne etwas auszulassen; aber ich glaube, dass der Wert der Sensibilität durch diese Rückhaltetechnik nicht erschöpft ist, sondern doch weit darüber hinausgeht.

Viele Missgriffe in der Welt geschehen, weil viele Menschen das Leid in der Welt nicht aushalten können und die Sicht darauf verdrängen – eine typische Folge davon ist der Wunsch nach Bettelverbot und enger Beschränkung des Zustroms von Flüchtlingen. Das Doppelspiel von Sensibilität und Abschirmung vor der Außenwelt klingt nun vielleicht ein bisschen verwirrend – aber auch jeder Arzt und jeder Sozialarbeiter lebt mit dem Anspruch, sensibel sein zu sollen und trotzdem Mitleid doch »abschalten« zu können.

Die Ausbildung zu einem Soldaten oder die Vorbereitung zu einem Spitzensport führt in mancherlei Weise in die Askese – und Trainings wie Langstreckenlauf oder Bergsteigerei haben meditativen Charakter und führen so in den Grenzbereich des Yoga; Yoga als umfassenden psychomentalen Prozess erreicht der Übende allerdings nur, wenn er sich auf die Freiheit des Geistes einlässt.

Nun können schwere körperliche Belastungen in Verbindung mit dem Bedarf, Ängsten qualifiziert zu begegnen, dazu führen, dass der so Betroffene sein Heil in der Spiritualität sucht. Daraus folgt entweder Gläubigkeit oder die Entdeckung, dass Bewusstseinsspiele im Gehirn hilfreich sind; das heißt, Hormone und Gehirnwellen zu manipulieren. Und das ist Yoga, wie ich im weiteren Verlauf des Textes zeigen werde.

So könnte Yoga in einer dunklen Nacht voller Gefahren von einem Soldaten entdeckt worden sein – dieses Bild macht das Nahverhältnis von Yoga und Kriegerkaste zumindest plausibel. Millionen von Soldaten haben im Lauf der Zeit im Einsatz die Hölle der »Ich-Verlorenheit« erlebt. Solche Grenzerfahrungen können Gläubigkeit oder Glaubensverlust erzeugen oder auch die spirituelle Einheit im eigenen Selbst erfahren lassen.

Aufgrund dieser spirituellen Erfahrungen haben einige Betroffene die Wissenschaft des Yoga entwickelt. Durch die Perfektionierung des Systems haben sich mittlerweile auch viele angenehmere Zugänge geöffnet und weitere Möglichkeiten erschlossen.

Das indische Wort Askese wird auch als Ausdauer verstanden. Insofern können auch ein körperliches Gebrechen oder unvermeidliches Leid oder ein aufgetretenes Unglück als Ausdauerübung eingesetzt werden, wenn man an ihnen nicht leidet, sondern sie übungshalber tapfer trägt.

10. Verschiedene Wege

Spiritualität unterscheidet sich von Wissenschaftlichkeit, indem sie neben der Rationalität Empfindungen bewusst zulässt, während die Wissenschaft versucht, die Gefühle zu verdrängen. Mystik und Romantik sind die emotionalen Aspekte der Spiritualität; die eine beschäftigt sich ehrerbietig mit der Metaphysik, die andere liebevoll mit der Natur.

Und trotz dieses Unterschieds der Denkvorgaben in Europa und in Indien sind die Menschen in ihrem Wesenskern und ihren Grundbedürfnissen einander gleich: Der in den natürlicheren Religionen vorhandene und bei uns verlorene Teil der Spiritualität, nämlich die Beziehung zur Natur, hat sich bei uns in die gesellschaftlich eher akzeptierte Romantik gewandelt. Romantik ist die Liebe zur Welt und Zwillingsschwester der Mystik; sie erscheint aber auch wie diese in durchaus verschiedener Qualität: nämlich oft auf der Anfängerstufe. Wer nicht die ganze Welt »liebt«, sondern nur den schattenspendenden Baum vor dem Fenster, ist so wie der Mystiker, der nur bis zu seinem Schutzengel vordringt und es zu keinem Gottesbewusstsein bringt. Eine Generalkompetenz ist selten – ich glaube, zu selten! Die Ähnlichkeit der Systemvertreter beruht darauf, dass sie viel zu selten ihren eigenen Ansprüchen gerecht werden. Jedenfalls haben auch die Wissenschaften bisher noch keine Konzepte entwickelt, die den Lebensraum des Menschen schützen würden und auch weiterhin belebbar erhielten.

Im Yoga wird der Unterschied zwischen Welt und Gott wenig beachtet: Die Welt ist der inkarnierte Gott und ein Missbrauch der Welt ist eine Beleidigung Gottes. Dieses ganzheitliche Weltbild lässt das optimistische Menschenbild des Yoga leicht verstehen.

Der Mensch ist nach dieser Lehre in seiner ursprünglichen Natur ideal, jedenfalls aber in seinen Möglichkeiten – der Yogi versucht seine Gehirnfunktionen zu optimieren, denn Weisheit ist möglich.

Im Verhältnis des Humanismus zum Menschenbild lassen sich zwei Zugänge erkennen: Die einen meinen, der Humanismus müsse durch die Kultur (oder Religion) in den Menschen eingebracht werden; der Weg der Humanität ginge von außen nach innen. Andere meinen, der Wesenskern des Menschen sei von Anfang an human, man müsse ihn sich nur entsprechend entwickeln lassen, sodass er den Menschen bis in seine Empfindungs- und Handlungssphäre durchdringt. Der Weg ginge von innen nach außen.

Die Ersteren brauchen nur auf die reale Welt hinweisen, um die vorhandenen Humanitätsmängel darzustellen; es ergibt sich nur die Schwierigkeit, die Kultur oder die Religion als ewig gültig und irgendwie von »Gott gegeben« zu akzeptieren.

Die anderen müssen die Differenziertheit der Innenwelt erkennen, um die Humanitätsmängel im Einzelfall darstellen zu können. Das »Selbst« wäre der gute, von der »Natur gegebene« innere Kern, das »Ich« aber nur ein mehr oder weniger gelungenes Entwicklungsergebnis des Menschen.

Widerspricht die konkrete Erziehung dem »Inneren System«, das nach der Yoga-Lehre humanes Verhalten durch Wohlgefühl belohnt, kommt das »Ich«, das sich sozusagen in der Mitte zwischen »Selbst« und Außenwelt befindet, durcheinander.

Da die »Urnatur« egoistisches bzw. asoziales Handeln weniger mit Zufriedenheit und Wohlgefühl belohnt, führt solches Verhalten häufig zu Unersättlichkeit. An der Authentizität eines Menschen merkt man, wie sehr oder wie wenig sein »Ich« mit dem »Selbst« verbunden ist.

Wie weit der Einzelne auf seinem Entwicklungsweg kommt, ist offen. In Yogakreisen ist es ein Thema, über die Qualität der Meister zu reden – über Fortschritte oder gegebenenfalls über Qualitätsverluste.

Das im Yoga angenommene optimistische Menschenbild wird durch die Gleichsetzung von Gott und »Seele« zum Ausdruck gebracht; manche können mit dieser emotionalen Begrifflichkeit leben. Andere, die die den Gottesbegriff nicht in ihren Denkraum einlassen, können dieses Denkmodell auch hart rational ausdrücken: Der Kosmos ist ein verbundenes System, in dem es unendlich viele Funktionen gibt – die Funktion des Menschen üben eben die Menschen aus. Und manche erkennen diese ihre Funktion. Sie finden also die Antwort auf die Sinnfrage – und werden ihr gerecht und werden Mitspieler im System. Sie empfinden sich als Teil der Welt oder unter dem Sternenzelt daheim. Wenn der Rationalist nicht spätestens jetzt emotional wird, ist auch dieses Modell sinn- und nutzlos. Leider scheint die Zahl dieser Gegenspieler, die zum Lebensraum Welt keine Gefühle entwickeln, sehr groß zu sein; jedenfalls sind sie dominant.

Dem sogenannten Rationalisten wünsche ich hin und wieder die Empfindung, sich in der Welt daheim zu fühlen; das kann sein, obwohl er weiß, dass dieses Wohlgefühl durch das Kuschelhormon Oxytocin erzeugt wird. Der, der sich in Gottes Hand fühlt, dem tut das Wissen um die Rolle dieses Hormons auch keinen Abbruch. Das Leben ist eben ein elektro-chemischer Prozess; und das möge der Religiöse nicht vergessen.

Eine gute Ethik ist das Ergebnis der Weisheit – sie hat das Wohl aller zum Ziel. Intelligenz ist nur ein Aspekt der Weisheit; und die Intelligenz kann sich auch in egoistischen Zielen ausleben – und dann ist sie nach deutschem Sprachgebrauch »Cleverness«. Der allgemeine Sprachgebrauch deckt in erstaunlicher Offenheit die Geisteshaltungen der verschiedenen Kulturräume auf: Man spricht von östlicher Weisheit, also von indischer, japanischer oder chinesischer Weisheit; das Wort »europäische oder amerikanische Weisheit« habe ich noch nicht gehört. Wohl gab es sie, etwa im klassischen Griechenland und als Einzelerscheinung tritt sie auch aktuell auf, wie etwa beim derzeitigen Papst. In den USA spricht man hingegen von Cleverness als gewinnorientierte Intelligenz. In Europa ist dieser Trend nicht so deutlich, denn da tritt die Cleverness gepaart mit dem linken Gerechtigkeitsanspruch oder der christlichen Barmherzigkeit auf.

Wenn der Glaube für wichtiger gehalten wird als das Wissen, tut sich die Weisheit schwer. So wie das Christentum ist auch der Hinduismus als Massenphänomen eine Glaubensreligion mit den damit verbundenen Schwierigkeiten.

Trotz der weiten Verbreitung des Glaubens an die Wiedergeburt hat Indien einige Atomkraftwerke – und das heißt: ein Leben lang Strom und tausende Leben lang Ärger. Über die sich daraus ergebende Frage, wie echt oder wie diffus nun der Glaube an eine Wiedergeburt sei, konnte ich in den 70er-Jahren mit dem damaligen Außenminister Indiens, Narashimha Rao sprechen; nach anfänglicher Skepsis fand er das Thema auch interessant.

Eines der Ergebnisse der Weisheit ist die Einsicht, dass die soziale Gerechtigkeit eine Bedingung für Frieden ist. Im Christentum wird diese Einsicht des weisen Jesus Christus über den Glauben weitergegeben. Obwohl der Weg über den Glauben durchaus holprig ist und viele Schlaglöcher hat, hat er die Botschaft doch bis in unsere Tage gebracht. Und so zeigen die Staaten mit einem christlichen Hintergrund ein gewisses Sozialniveau; so haben die Staaten Skandinaviens die geringsten Einkommensunterschiede und Dänemark ist darin Weltmeister.

Der Hinduismus mit seinem de jure abgeschafften, aber noch wirksamen Kastensystem hat eine ständische Organisation geschaffen, die wenig Wert auf soziale Gerechtigkeit legt; durch den Aufbruch in die Moderne wird das Problem aber langsam virulent; einstweilen wirkt jedenfalls das Opium der Religion offensichtlich noch.

Der Yoga als Weisheitslehre akzeptiert zwar dieses System nicht, hat als Minderheitskultur aber keine Transformation in die Gesellschaft bewirkt. Auch der Weg der Weisheit ist holprig und voller Schwierigkeiten.

Dass der Weg der Weisheit aber gangbar ist, zeigt Japan. Japan ist im Sozialstaaten-Ranking an zweiter Stelle nach Dänemark, verwendet aber nicht die Technik der Umverteilung durch den Staat wie die Skandinavier, sondern verteilt die Einkommen von vornherein nahe an der Gleichheit. Bezeichnend ist, dass Dänemark und Japan die geringste Zahl an Verbrechen aufweisen.

Weil wir uns auf eine Wiedergeburt Christi oder Buddhas, die uns neue Richtlinien geben könnten, nicht verlassen können, bieten für die Lösung der neu aufgekommenen Herausforderungen neue Glaubensinhalte wenig Hoffnung. Ein gewaltiges Problem ist die intergenerative Sozialordnung – das ist Thema der Ökologie. Es gibt hier nur die Alternativen Weisheit oder Krieg.

Spiritualität ist der Mediator zwischen Individual- bzw. Familieninteressen und den Gemeinschaftsinteressen und der Koordinator von Emotion und Rationalität. Das Optimum von Geistigkeit ist offensichtlich schwer zu erreichen; ein Versuch, Weisheit zu verwirklichen, ist die Mühe allerdings wert. Europa und Amerika schauen aber nur zu, wie sich China in die Überholspur setzt und waren bisher einfallslos, etwas dagegenzusetzen. Und das wäre wichtig, weil die individuelle Weisheitskultur in China im gesellschaftlichen Rahmen wieder auch nur auf materielle Ziele ausgerichtet ist.

Zur Ausschöpfung der Erkenntnisfähigkeit ist die Spiritualität eine wichtige Ergänzung. Doch erfahrungsgemäß ist nicht jede Idee, die man in einem meditativen Zustand gewonnen hat, schon das Gelbe vom Ei; es braucht noch eine weitergehende interne Überprüfung und die Auseinandersetzung mit anderen Menschen. Nach der Linie meines Gurus soll sich der Yogi nicht in sich selber verlieren.

Nach Patanjali gibt es drei Wege, gültiges Wissen zu erlangen: »Das gültige Wissen besteht aus direkter Wahrnehmung (Intuition), Schlussfolgerung und Überlieferung (das ist Erkenntnis, die auf der Autorität heiliger Schriften beruht).« Das Buch gibt keine Vorrangregel an; es versteht sich als Leitfaden, mit dessen Hilfe Rationalität und Intuition gefördert werden.

Weisheit heißt, »auf Sicht« zu fahren; der Begriff Optimismus wird häufig missbraucht, um bloß mit der Hoffnung »auf Glück« zu fahren. Wir wissen nicht, wie es weitergehen kann, wenn wir mit unserer Zivilisation so weitertun. Als vor 60 Jahren die friedliche Nutzung der Atomenergie begann, verließen sich ihre Vertreter darauf, dass sich für die Endlagerung der Brennstäbe zeitgerecht eine Lösung gefunden haben würde – die Zeit ist gekommen, eine Lösung noch nicht. Auch bei der wirtschaftlichen Nutzung der Genmanipulation scheint blinder Optimismus Pate zu stehen. Ist aber nicht »fahren auf Sicht« die klügere Variante? Die einen überholen, wenn sie keinen Gegenverkehr sehen – die anderen nur, wenn sie sehen, dass kein Gegenverkehr kommt. So schön es auch ist, zu wissen, dass die Menschen weisheitsfähig sind, so traurig ist es auch, zu sehen, dass dieses Ziel kaum angestrebt wird. Bleiben wir hinter diesem Niveau zurück, so wird es kaum möglich sein, dass sich eine friedliche Zukunft ereignen wird.

Der mythische Gott Krischna nennt neben dem Erkenntnisweg das »selbstlose Handeln« als zweiten Faktor der Erlösung; mit diesem Aspekt stellt er Yoga deutlich in die gesellschaftliche Verantwortung, die damit kongruent ist mit dem Schwerpunkt christlicher Betrachtungsweise. Der Calvinismus, der als Rechtfertigung für das individualisierte Glücksziel dient und Vater der modernen Wirtschaft ist, liegt außerhalb dieser Kongruenz. Die Rationalität in unserer Kultur spielt sich, wie ich fürchte, innerhalb branchenbezogener Kausalitäten ab und hat den Bezug zur gesamtgesellschaftlichen Dimension verloren.

Mutter Theresa von Kolkata lebte und wirkte nach dem religiösen Prinzip, nämlich nach der Beantwortung der Sinnfrage, wozu man lebe. Ihre Antwort war, der Liebe Gottes gerecht zu werden. Sie stellte die der Wissenschaft gemäße Frage, warum es Arme gäbe, nicht. Damit war sie der Regierung angenehm, denn die Obrigkeit mag nicht, wenn die Untertanen – insbesondere auch aus dem Ausland stammende – nach der Ursache der Verhältnisse fragen. Aber auch eine Kindergärtnerin sagte mir unlängst, sie würde sich nicht mit den organisatorischen Unzulänglichkeiten in ihrem Bereich auseinandersetzen; das würde ihre Einsatzfreude behindern.

Die christlichen Religionen haben sich auf den Weg gemacht, den vor allem individuellen Menschen zu helfen, und stellen die »Wozu?«-Frage ins Zentrum ihrer Denkweise; die ansatzweise revolutionäre Kausalfrage »Warum?« bleibt damit im Hintergrund.

Die Frage nach dem »Warum« von Schicksalsschlägen – der frühe Tod eines geliebten Menschen etwa, der Eintritt einer Krankheit oder einer Behinderung – führt meistens in die Irre und hilft oft nicht weiter. Wem jedoch die religiöse Frage nach dem Sinn des Lebens nicht zugänglich ist, kann sich immerhin auf die von Viktor Frankl modifizierte Sinnfrage einlassen – nämlich die Frage nach dem Sinn im Leben. Und dabei bleibt noch zu hoffen, dass die Verbindung der individuellen Funktion mit der gesellschaftsrelevanten Funktion des Gehirns nicht ausgeschaltet ist, dass also die Spiegelneuronen aktiv sind.

In gesellschaftlichen Angelegenheiten bekommt die Frage nach der Kausalität (Warum?) vorrangige Wichtigkeit; nur durch das Verständnis sozialer Prozesse gibt es die Möglichkeit, über die beschränkte Reichweite der Emotionalität weiter entfernte Räume zu erreichen und zukünftige Entwicklungen positiv zu gestalten. Die Suche nach den Antworten auf beide Fragen – also nach »Wozu« und nach »Warum« – ist von gleicher Wichtigkeit.

Ereignisse, die den einzelnen Menschen als Schicksal ereilen, können durchaus Ergebnisse gesellschaftlichen Fehlverhaltens sein. Zustände wie Krieg, gesellschaftliche Verwerfungen und hohe Kriminalität werden gesellschaftlich verursacht, gemacht oder eben nicht verhindert.

Der Verhaltensforscher Konrad Lorenz meinte, wir als die gegenwärtigen Menschen befänden uns in der Entwicklung vom Primaten zum *homo sapiens*. Die Yogis versuchen sich, auf dem Weg zur Weisheit (Sapientia) voranzubringen. Die Erleuchtung, die sie anstreben, heißt auf Englisch »enlightenment«; und das heißt auf Deutsch nicht nur Erleuchtung, sondern auch Aufklärung. Was die Yogis tun, ist also, klares Wissen über sich selbst, nämlich über ihre eigene und damit über die menschliche Natur zu erlangen – sie streben Aufklärung an.

Meine Yogaschule in Indien gibt die Lehrlingszeit mit drei Jahren an; sie kann auch im Fernstudium gemacht werden. Das ist ein Erfahrungswert, der nicht bindet. Bei intensivem Training – und das muss schon sehr intensiv sein – kommen begnadete Aspiranten nach etlichen weiteren Jahren zur Meisterschaft und erfahren Erleuchtung als Erlebnis. Das muss so etwas sein wie eine Generalrevision im Gehirn.

Nach etlichen Biografien findet das um das dreißigste Lebensjahr statt. Dieses Erlebnis wird von den Yogis, soweit es öffentlich gemacht wird, als Gnade empfunden und löst Dankbarkeit aus; nur für Buddha gab es niemanden, dem er hätte dankbar sein können.

Die Yogis treiben schon großen Aufwand, um in diese hohen Sphären vorzudringen; die »Wissenschaft von der Seele« wird oft durch schwierige Experimente erworben. Im Allgemeinen scheint die 15.000-Stunden-Regel zu gelten, wonach Spitzenleistungen in Kunst, Sport oder Wissenschaft nicht unter einer geringeren Trainingszeit zu erwarten sind; in der Yogaliteratur gibt es aber auch Berichte von spontaner Erleuchtung oder wie in anderen Disziplinen in kürzerer Zeit erlangten Qualitäten, die als Sonderbegabung gelten.

Einfache Nutzer brauchen darüber nicht zu verzweifeln – auch kleine Schritte auf diesem Weg können schon wunderbar sein. Nicht jeder wird ein Beethoven oder Mozart werden, Freude an der Musik kann man auch auf niedrigerem Niveau haben. »Jeder Schritt auf dem Weg des Yoga«, so steht es in einer Quellschrift, »ist ein Schritt zur Freiheit.« Nach einigen gelungenen Meditationen kann sich der neue Erkenntnisprozess auch praktisch selbstständig weiterentwickeln. Dafür ist es hilfreich, die kontemplativen Fenster wie Entspannung oder Langeweile, die das gewöhnliche Leben anbieten, zuzulassen und möglichst viele weckerfreie Tage einzurichten.

Der zuletzt verwendete Begriff »Erleuchtung« unterscheidet sich nun etwas von einem bloß verständlichen Erkenntnisvorgang; die Frage, die sich daraus ergibt, muss ich offen lassen. Von westlichen Wissenschaftlern ist bei Meditierern eine Verdickung der Hirnrinde um das Eineinhalbfache gegenüber Kontrollgruppen festgestellt worden – vielleicht hat das mit Erleuchtung zu tun. Mein Guru (Wort für persönlichen Lehrer) riss 14-jährig von zu Hause aus, weil ihn sein Vater zwingen wollte, die Beamtenlaufbahn einzuschlagen, er aber Yogi werden wollte. Er verbrachte einige Jahre unter Survival-Bedingungen im Dschungel (= Wald); mit etwa 30 Jahren erhielt er durch Vermittlung seines Gurus Erleuchtung. Dann lebte er bei wohlhabenden Schülern in deren Häusern oder Gartenhütten, studierte und experimentierte weiter und bewegte sich aus dem abergläubischen indischen

Mittelalter heraus in die aufgeklärte Neuzeit. Er gründete mit 65 Jahren »Yoga Niketan«, seine Yogaschule. Im Alter von etwa 80 Jahren nahm er erstmals westliche Schüler. Er starb 1989 hundertjährig und ist so als Verwalter seines Ashrams auch auf eine 35-jährige »Dienstzeit« gekommen.

Und seitdem führen zwei (genetische) Schwestern die Schule. Nach seiner Aussage hatte er einer der beiden die »Erleuchtung« vermittelt, was immer das physiologisch bedeuten mag. Spätestens jetzt sind wir in einen Bereich geraten, in dem der Grundappell des Yoga einzusetzen ist: nichts blindlings glauben, den Glauben aber als Stimulus wirken lassen. Die beiden Schwestern waren keine zwanzig Jahre alt, als sie sich um Aufnahme als Schülerinnen bewarben und der Meister sie akzeptierte; um seinen Zölibat nicht zu gefährden hatte er erst im höheren Alter Schülerinnen aufgenommen. Er war selber etwas verwundert, dass eine von den wenigen Schülerinnen zur Erleuchtung kam, und keiner der vielen hundert Schüler; diese Geschichte weist immerhin auf die pragmatische Art im Yoga hin.

Das angegebene Alter von dreißig Jahren, das für das Erleuchtungserlebnis häufig genannt wird, lädt ein zu zwei grenzüberschreitenden Vergleichen: Es war das Mindestalter im alten Israel, um als Rabbi predigen zu dürfen. Und die moderne Wissenschaft stellt die Erreichung der maximalen Gehirnentwicklung mit diesem Alter fest.

Ein Beweis für die Relevanz der Yoga-Technik kann mithilfe des Elektroenzephalogramms (EEG) geführt werden; andererseits kommen die Mystiker oder Vertreter vieler Religionen in anderen Weltgegenden unabhängig voneinander zu ähnlichen Ergebnissen, was zumindest eine gewisse Plausibilität der Erkenntnisse darstellt.

Die Unschärfe, die in der Vermittlung von Meditationserfahrungen besteht, stellt natürlich einen gewissen Nachteil gegenüber der exakten Wissenschaft dar. Relativiert aber wird eine allfällige Kritik dadurch, dass die Themenwahl in der Wissenschaft nicht durch objektive Kriterien bestimmt wird, sondern aufgrund der Vorlieben der Forscher bzw. deren Auftraggeber.

Was also geforscht wird, richtet sich demnach nicht notwendigerweise nach den gesellschaftlichen Notwendigkeiten und die Ergebnisse der Wissenschaft bedürfen schlussendlich ebenfalls der gesellschaftlichen Bewertung, nämlich nach ihrer Wichtigkeit, ihrer Nützlichkeit bzw. der Schädlichkeit ihrer Anwendung.

Die westliche Wissenschaft hat ihre großen Erfolge da, wo sie durch Zählen, Messen und Wiegen zu bewerkstelligen sind. Yoga will die Urteilsfähigkeit der Menschen fördern, indem er das Instrument der Wahrnehmung – nämlich das psychomentale System – optimieren will. Die Wissenschaft hat in den letzten Jahren große Fortschritte im Bereich der Hirnforschung gemacht, sodass sich heute etliche Berührungspunkte der beiden verschiedenen Wege ergeben haben und möglicherweise miteinander fruchtbar werden.

11. Der höhere Yoga

Das Gehirn agiert in vielfältigen Bewusstseinszuständen; diese Vielfalt entsteht einerseits durch die Intensität und andererseits durch diverse Mischungsverhältnisse; so kann »rechte Achtsamkeit« in ziemlich allen Lebenslagen geübt werden und eine meditative Stimmung kann man im täglichen Leben auch oft gefahrlos zulassen und genießen.

Der höhere Yoga sieht drei klar definierbare Bewusstseinsstufen vor. Er umfasst Konzentration (Stufe VI), Meditation (VII) und Samadhi (VIII) nach dem Stufensystem des Patanjali. Womit die Yogis schon seit mehr als 2000 Jahren arbeiten, lässt sich heute mithilfe des Elektroenzephalogramms zeigen: Verschiedene Bewusstseinszustände entwickeln unterscheidbare Gehirnströme. Im Schlaf werden Delta-, Eta- und Theta-Wellen im Frequenzbereich von 0,5 bis 7 Hertz erzeugt. Der entspannte Wachzustand mit seinen Alpha-Wellen wird mit 7 bis 13 Hz gemessen; er ist leicht zu erzeugen, indem man aus dem normalen Tagesbewusstsein heraus einfach die Augen schließt. Das gewöhnliche Tagesbewusstsein erzeugt Beta-Wellen und umschließt eine Frequenz von 13 bis 30 Hz. Und die hohe Konzentration erzeugt Gamma-Wellen, spielt sich im Bereich über 30 Hz ab und kann über 50 Hz erreichen.

Im Schlaf und in der hohen Konzentration ereignen sich im Gehirn Harmonisierungs- und Synchronisierungsprozesse; die Neuronen kommunizieren miteinander und lösen dissonante Wissensinhalte und Denkprozesse auf. Wohl jeder hat schon erfahren, dass sich im Augenblick des Einschlafens und des Aufwachens Fragen auflösen, zu deren Klärung man schon möglicherweise Stunden intensiven Grübelns aufgewendet hat. Ein Problem »zu überschlafen« gilt auch im Westen als qualifizierter Ratschlag. Traumdeutung geht auch den Weg, die Gehirntätigkeiten im Schlaf zu nützen, kommt aber sicher nicht an die Qua-

lität der Meditation heran; eine exakte Erinnerung an die Träume
ist ja gar nicht möglich.

Meditation beruht auf der Verknüpfung von Wach- und Schlafzustand. Beim Einschlafen und beim Aufwachen tritt diese Doppelfunktion des Gehirns normalerweise für einige Momente au-
tomatisch auf, wenngleich der Einsatz von Schlafmitteln oder des
Weckers der Natur die Chance dafür nimmt. Eine Möglichkeit,
eine Meditation zu beeinflussen, besteht darin, sie mit offenen
oder geschlossenen Augen zu starten und damit Beta- bzw.
Gamma-Wellen oder eben Alpha-Wellen ins Spiel zu bringen. Ob
fortgeschrittene Yogis auch die verschiedenen Schlaffunktionen
bestimmen können, weiß ich nicht.

Hohe Aufmerksamkeit wird immer als intensive Lebendig-
keit empfunden und als lebenswert erfahren, sofern sie nicht mit
Angst oder Schmerzen verbunden ist. Diese Aufmerksamkeit ist
leicht zu haben, wenn sie von der Außenwelt her stimuliert wird.
Ein Abenteuer, ein spannender Film oder auch eine interessante
Lektüre können diese Aufmerksamkeit auslösen; diese Form erzeugt allerdings nur eine geringe Harmonisierung.

Schwieriger ist es, hohe Aufmerksamkeit ohne äußeren Impuls zu erzeugen. Mit den Körper- und Atemübungen hat der
Yoga-Aspirant schon begonnen, Konzentration zu üben. Nun
wird die Konzentration spezifischer; man richtet sie etwa auf
eine Blüte oder Kerzenflamme oder man konzentriert sich auf
etwas innerhalb des Körpers. Die Konzentration auf den Punkt
oberhalb der Nasenwurzel zwischen den Augenbrauen verstärkt
die Durchblutung des Stirnhirns und stimuliert die dort befind-
lichen Neuronen oder man richtet die Aufmerksamkeit auf die
Atmung, die ruhig dahinfließt; oder man beobachtet die Gedanken, die sich anfangs wie springende Affen benehmen und sich
später beruhigen.

Diese Aufmerksamkeit ist schwer auf die Dauer zu halten – und
wenn sie ausgesetzt hat, hat die Meditation die Konzentration
abgelöst. Vielleicht tritt nun eine aktuelle oder latent vorhandene
und bisher unbeantwortete Frage ins Bewusstsein und wird nun
beantwortet; oder es entsteht eine Idee, die mit einer Beschäfti-

gung oder mit individuellen Leben oder mit dem Leben an sich etwas zu tun hat.

Der Meditierende erlebt sein Bewusstsein in fünf Schichten, die von außen nach innen gereiht sind: die erste Schicht betrifft das Körperbewusstsein, die zweite die Atmung, die dritte das Denken, die vierte das Erkennen und die innerste Schicht ist Seligkeit – und diese wird im Yoga als göttlich bezeichnet und im Buddhismus als Buddha-Natur und ist eine Erleuchtungserfahrung. Dieses Modell macht klar, dass man seine Aufmerksamkeit auf seinen »grobstofflichen Körper« in der Meditation wegschalten können muss, um sich der inneren Schichten bewusst werden zu können.

Der Yoga-Prozess findet im Zusammentreffen von ruhigem Schlafzustand und wacher Aufmerksamkeit statt. Durch das gemeinsame Auftreten der niederfrequenten und hochfrequenten Gehirnströme wird die Reorganisationskraft über das Normalvermögen hinaus verstärkt. Die im Gehirn lagernden Eindrücke werden harmonisiert – das Gehirn »räumt sich sozusagen selber auf«: Belastungen werden abgebaut, Verdrängungsenergien werden freigesetzt und Kreativitätspotenziale entstehen. Zwischen verschiedenen Neuronen, wenn sie auch relativ weit voneinander entfernt sein mögen, werden neue Verbindungen gebahnt – das ist die physiologische Form von Verstehen. Nun wird der Blick in die Welt neu empfunden und man sieht sie anders als zuvor. Voraussetzung der »Innenschau« ist die Ruhe des Geistes – um diese zu erreichen, werden die Beruhigungstechniken wie entsprechende Lebensführung sowie Körper- und Atemübungen eingesetzt. Als Beispiel dafür gilt das Wasser, in dessen Tiefe man nur sieht, wenn seine Oberfläche ruhig ist.

Hier kommen religiöse Techniken wie das Beten des Rosenkranzes oder die Mitwirkung an Ritualen dem Yoga sehr nahe. Die bewusste Teilnahme an »Andachten« hat großen meditativen Wert; eine hohe Konzentration auf den Altar, auf den Priester oder auf die Hostie kann eine tiefe Meditation auslösen. Sie löst damit zumindest eine gute Entspannung aus, wie weit sie auch kreative Kräfte freisetzen kann, ist fraglich. Jedenfalls wird im Katholizismus festgelegt, dass von der offiziellen Lehre abweichende Ergebnisse unerwünscht sind. Gelingt die Andacht und »öffnet sich die Seele«, so ist der Andächtige, wenn er sich in einem schlafnahen Zustand befindet, in einem hypnotischen Zustand, in dem Gedanken und Empfindungen auch infiltriert werden können. Lange Predigten – aber auch lange politische Reden – haben es so an sich, dass sich die Zuhörer nicht die ganze Zeit über einem schlafnahen Zustand enthalten können; das kann dann zur hypnotischen Infiltration führen. Spiritualität ist ein Bewusstseinszustand; von der wachen Aufmerksamkeit hängt es ab, ob diese Funktion zur Infiltration von Glaubensinhalten – Hypnose oder Selbsthypnose – verwendet wird oder zur Erkenntnis der inneren Struktur, also dem Selbst. Die Funktion Spiritualität ist der Geburtsort des Gewissens; die Frage bleibt, ob das Gewissen exogen dominiert oder endogen kreiert worden ist.

Gelingt die Meditation als aktiver Zustand im Gehirn, so entdeckt der Meditierende das Wissen des »inneren Menschen«. Im Yoga gibt es einen weiten Spielraum, eigene Erfahrungen zu machen. So wie bei der geführten Andacht ist das Vertrauen in den Meditationsmeister für den Erfolg wichtig; in beiden Fällen ist durch hohe Aufmerksamkeit Manipulation ausschließbar.

Es gibt auch Formen spontaner Meditation: Dass Kinder, was manchmal vorkommt, »ins Narrenkastl schauen«, gilt oder galt zumindest bei uns als nicht tragbar; es verunsichert die Eltern.

Selbstbestimmte und nicht hypnotisch genützte Spiritualität ist eine Meditation – sie erschließt einen Bewusstseinszustand, in dem sich Rationalität, Sensibilität und Emotionalität treffen und aufeinander wirken – und so die Entwicklung einer harmonischen Persönlichkeit gefördert wird.

Auch wenn die Meditation nicht ergebnisoffen geführt wird, so wie es die Kirchen jahrhundertelang gemacht haben, entstehen die Hormone, wie sie durch Opiate ausgelöst werden. Karl Marx hatte mit seiner Beobachtung, Religion sei Opium für das Volk, recht; die Chemie bestätigt, dass durch religiöse Übungen körpereigene Opiate entstehen.

In dieser Funktion hat im Westen die Sexualität, die ziemlich frei ausgeübt werden kann, die frühere Rolle der Religionen abgelöst. Der Wandel ist für die Individuen sehr erfreulich, schafft aber ein Problem für die gesellschaftliche Entwicklung. Wenn die Zielvorgabe »sexuelle Befriedigung« dominant ist, reduziert es die rennovative und revolutionäre Kraft; beide Tranquilizer lassen gesellschaftliche Organisationsmängel lockerer hinnehmen.

Für den Individualfall lässt sich diese Beobachtung nicht anwenden, weil Männer mit hoher sexueller Aktivität auch oft politisch virulent sind. Doch könnte man die politische Virulenz im arabischen Raum auf eine rigorose Sexualmoral zurückführen; viele junge Männer kommen zu keiner Frau. Auf der anderen Seite ist die Virulenz der 68er-Bewegung sehr schnell verebbt – und die Verwendung der Pille hat sexuelle Freizügigkeit praktisch ermöglicht. Sind die Entwicklungen, die die beiden Beispiele zeigen, kausal? Jedenfalls scheint die Religiosität in Indien, so wie Marx gemeint hat, als Tranquilizer zu wirken.

Sigmund Freud, der Vater der modernen Psychotherapie, lernte in Paris von einem Inder die Technik der Hypnose; er instrumentalisierte diese Kunst maximal für die Einleitung der Sitzung, schrieb aber den Therapeuten »freischwebende Aufmerksamkeit« vor – dieser Begriff entspricht recht gut der Meditation.

Weil sich »Stimmungen« normalerweise von Mensch zu Mensch übertragen, ist zu erwarten, dass sich der Proband mit der Zeit auch auf diese meditative Geistesfunktion einlässt. Damit besteht die Qualität des Psychotherapeuten neben seinem Wissen vor allem in seiner Persönlichkeit. Freude und Leid, Hass und Liebe, Lachen und Weinen, Gähnen und sexuelle Bedürftigkeit sowie spirituelle Gefühle sind aufgrund der Existenz der Spiegelneuronen im Gehirn jedenfalls unter Menschen übertragbar.

Die katholische Kirche stellte mit dem Sakrament der Beichte die Frage, wie man lebe, in den Mittelpunkt. Für Freud war die Antwort auf die Frage, warum man so sei, wie man ist, für etwaige Heilungsprozesse wichtig. Für Viktor Frankl, den Schöpfer der Logotherapie, hingegen war der Sinn des Lebens zentral; er forderte mit der Frage »wozu lebe ich?« die Antwort auf die Frage nach dem Sinn im Leben. Dem Yogi stellt sich die Frage »wer bin ich?«, was die psycho-hygienisch relevanten Fragen »wie?«, »warum?« und »wozu?« einschließt. Wenn dieses Frageschema auch von und für Individuen entwickelt wurde, so ist es gerade auch für Kulturen relevant. Die westliche Aufklärung brachte eine Wissensexplosion hervor; im Yoga geht es um die Persönlichkeitsentwicklung. Dieses Ziel teilt der Yoga mit den Religionen.

Der Yoga geht von der Hoffnung aus, dass in der innersten Schicht der menschlichen Spezies Kräfte ruhen, die optimale Entscheidungen hervorbringen und die sogar die Welt als ihren Lebensraum erhalten können – und dass dieses Reservoir auch bewusst und wirkkräftig gemacht werden kann. Ob nun ein Meister wirklich Einblick in den Prozess hat, der im Gehirn abläuft, weiß ich nicht; ich als »Geselle« erfahre nur, dass ich mich nach einer Meditation wohler und entspannter fühle und manchmal eine Frage als beantwortet erlebe. Die Eindrücke, die aus dem Unbewussten auftauchen, werden ins Bewusstsein aufgenommen und stehen der Verarbeitung und dem Abgleich mit dem Wissen zur Verfügung.

In der Meditation (Stufe VII) ruht die Aufmerksamkeit auf einem einzigen Betrachtungsobjekt. Und es kann alles als Betrachtungsobjekt genommen werden – sowohl künstlerische, technische oder organisatorische Fragen als auch Lebensprobleme.

Samadhi ist die Seligkeitsstufe (VIII) in der 5. Bewusstseinsschicht des Körpers, die allerdings schwer zu erreichen ist. Nach der Theorie verschmelzen Objekt und Subjekt in einer einzigen Empfindung.

Weil negative Gefühle wie Hass usw. Hindernisse auf dem Yogaweg sind, braucht man ihr Auftreten im Unterschied zu Drogenexperimenten nicht sonderlich zu fürchten; der Meditierende kann den sogenannten »inneren Schweinehund« mangels Existenz nicht wecken. Die Auflösung negativer Empfindungen wird als Befreiung empfunden und man kann Highlights erleben wie Seligkeit, Liebe oder Mitgefühl oder weitere Erfahrungen machen, von denen ich einige aus eigenem Erleben kenne. Jene davon, die von allgemeinem Interesse sein könnten, werde ich jetzt darstellen.

Erlebt man das Gefühl »ich bin«, hat das positive Auswirkungen auf das Selbstbewusstsein. Erlebt man bloß »zu sein«, hat man für diese Zeit das »Ich-Gefühl« hinter sich gelassen – und das wiederholte Erleben bringt eine Reduktion der »Ich-Verhaftung« mit sich. Dieses Erlebnis erleichtert wiederum das selbstlose Handeln, ein wichtiger Aspekt auf dem Weg zur Erlösung.

Auch eine Empfindung von Ewigkeit kann sich ereignen, löst aber in Indien keine besonderen Denkwellen aus. Ich glaube aber, dass jemand, der dieses »Gefühl der Ewigkeit bereits erlebt« hat, sein Leben und die Welt nicht als ewig empfindet. Hingegen ist für Kinder das Gefühl der Unendlichkeit selbstverständlich und unsere Kultur reflektiert wenig auf die Endlichkeit der Welt, also auf unseren Lebensraum.

Für Kinder ist es natürlich und selbstverständlich, zu wachsen und es zu wollen. Für Jugendliche und junge Erwachsene ist es wichtig, einen Platz auf der Welt und in der Gesellschaft zu finden und den Wettbewerb zu suchen. Für einen Erwachsenen wäre es genug, seine Aufgaben gut zu machen, sich um das Verständnis der Welt zu mühen und sich an der Welt zu erfreuen. Aber wenn die Menschen in den entwickelten Volkswirtschaften auf Kosten der Welt und zukünftiger Generationen immer noch wachsen wollen, was unsere Politik anstrebt, zeigt dies, dass diese Repräsentanten das emotionale Erwachsensein noch nicht erreicht haben.

Manchmal fühlt man sich eins mit der Welt – offensichtlich habe ich davon zu viel mitbekommen, denn ich leide an der Zerstörung der Welt mehr als viele andere Zeitgenossen.

Nach einer Meditation kann auch das Gefühl auftreten, »nicht gewesen zu sein«. Dieses Gefühl wird auch von etlichen Menschen mit der sogenannten Nahtod-Erfahrung berichtet. Dieses Erlebnis wird komischerweise regelmäßig als angenehm erinnert und führt zu einem gelasseneren Umgang mit dem Problem von Sterben und Tod.

Der Zustand, »nicht zu sein«, findet kaum einen Eingang in die Glaubensreligionen. Da ein »Ich«-Subjekt für jegliche Vorstellung und damit für einen Glauben essenziell ist, ist eine derartige Vorstellung praktisch unmöglich. Nur die buddhistischen Mönche und die Yogis reden vom Nirwana als angestrebtes oder erlebtes Ereignis und reihen sich damit in die naturwissenschaftliche Erkenntnislage ein.

Die Volksreligionen Hinduismus und Buddhismus geben sich mit der Wiedergeburt als Seelenbalsam zufrieden. Die Wiedergeburtslehre als Ergebnis einer zyklischen Betrachtungsweise fußt wahrscheinlich auf der Lebenserfahrung von Bauern; die Idee des Himmels als Endlösung entspricht eher der Erfahrung von Hirtenvölkern, die stets auf der Suche nach guten Weiden sind.

Die im Westen kolportierten Nahtod-Erfahrungen sind eher ein Licht am Ende des Tunnels und die Betrachtung des eigenen Körpers von außen; im Yoga und im Buddhismus wird eher das »Nicht-sein«-Erlebnis angestrebt. Der Gedanke des »Nicht-Seins« (Nirwana) und die Null als mathematische Größe sind typisch indische Kulturgüter. Hingegen wurde die Unendlichkeit als mathematische Größe und mit ihr die »Ewigkeit im Himmel« als religiöse Dimension im Vorderen Orient thematisiert.

Schlüsselerlebnisse – Sternstunden vielleicht –, die das Bewusstsein prägen und allenfalls das weitere Leben verändern, ereignen sich mehr oder weniger zufällig bei allen Menschen und gar nicht so selten. Der Yogi strebt das Erlebnis bestimmter Eckpunkte des Lebens, wie die oben aufgezählten, bewusst an; die dazu eingesetzte Technik ist leicht erklärt und schon etwas schwieriger im Vollzug.

Man konzentriert sich etwa so lange auf die Empfindung, zu sein, bis die Konzentration zusammenbricht und durch eine Phase, in der man nichts wahrnimmt, abgelöst wird. Jedenfalls ist die Gehirnaktivität dabei so weit reduziert, dass man sich auch nicht an etwas, außer nicht gewesen zu sein, erinnern kann und sich anschließend das wohltuend ausgeruhte Gehirn als Glücksgefühl empfindet.

Ähnlich geht man mit der Konzentration auf das Zeitgefühl um, bis es verschwindet und man sich daraufhin außerhalb der Zeit, also in der Ewigkeit, fühlt. Erstmals wurde mir das deutlich, als während eines solchen Zustandes zu Mittag eine Uhr aller Wahrscheinlichkeit nach ihr volles Programm schlug, ich aber nur jeden Schlag als einzelnes Ereignis wahrnahm und die Schläge nicht als Kontinuum erkannte. Gelingt der Versuch, so in eine Musik hinein zu meditieren, lösen sich sowohl Melodie als auch Takt auf. Hört man nur noch Töne, so ist die Konzentration auf den Augenblick gelungen – und der Augenblick gilt gleich der Ewigkeit.

Auch die Konzentration auf die Schwere des Körpers ist nicht allzu lange aufrechtzuerhalten; das Schweregefühl verschwindet und wird durch ein Gefühl des Schwebens abgelöst; Empfindungen dieser Art zeigen einerseits einen Erfolg in der Meditation, andererseits stellen sie eine Parallele zu Berichten zu Nahtod-Erfahrungen dar.

Dass »Gehirnspiele« dieser Art wirkkräftig und nachhaltig sind, mag jeden Leser skeptisch werden lassen. Mich wundert es auch, dass das Bewusstsein auf echte und willentlich eingeleitete Nahtod-Erfahrungen gleich reagiert – ich weiß aber immerhin um die Wohltat dieser Übungen, weil sie mir bei der Orientierung in meinem Leben helfen.

12. Das komplizierte Problem mit der Natur und der Kultur des Menschen

Jean Jacques Rousseau (1712 bis 1778) war der Erziehungsexperte der Aufklärung. Er kippte die Vorstellung der letzten Jahrhunderte, der Mensch sei aufgrund der Erbsünde von Anfang an schlecht und könne nur durch die Kirche zum Guten geführt werden.

Keiner der späteren großen Erziehungswissenschaftler griff auf die alte Version zurück; sowohl Kant als auch Pestalozzi und Montessori bauten ihre Theorien auf dem positiven Menschenbild auf: Der Mensch sei von sich und durch sich kulturfähig; man brauche den Charakter des Kindes nicht zu schaffen, sondern ihn nur sich entwickeln zu lassen. Erziehung erschöpfe sich darin, ein geeignetes Umfeld bereitzustellen.

Rousseau hatte guten Grund, an der Qualität der Kultur Frankreichs seiner Zeit Zweifel zu hegen; wenige Jahre nach seinem Tod reizte das Establishment die Bevölkerung so sehr, dass die Revolution (1789) unausweichlich wurde. Trotz einer Hungersnot in Frankreich verkaufte der König Getreide nach England.

Für eine Erklärung, warum trotz der grundlegenden Natürlichkeit des Menschen sich eine so unnatürliche Kultur hatte entwickeln können, fand Rousseau einige Antworten. Eine davon war die Entwicklung des Eigentums. Heute wird man diese Antwort insofern modifizieren müssen, als dass nicht das Eigentum selbst, aber doch ein inadäquater Umgang mit ihm Ursache von Schwierigkeiten ist. Für die Demokratie ist die Gewaltentrennung konstitutiv; wenn in einer Gesellschaft wirtschaftliche und politische Macht personell nicht getrennt sind, ist Demokratie auch kaum möglich. Nicht Eigentum ist das Problem, sondern eine vorrangige Behandlung durch den Staat – das ist Kapitalismus.

Eigentum ist in der Theorie das Recht, über seine Sache willkürlich verfügen zu dürfen. Dabei sind die Verfügungsrechte in der Praxis durchaus verschieden ausgestaltet. Wäre der Grundeigentümer so frei wie der Eigentümer von Geldvermögen, hätten wir in der Landschaft das gleiche wuchernde Chaos wie in der Finanzwirtschaft. Der Regulierungsbedarf der Politik bringt so manchen Bauern zur Verzweiflung – die Geldeigentümer genießen dagegen sehr viel Freiheit.

Die andere Antwort Rousseaus auf die Frage, nämlich die Kultur habe die Natürlichkeit des Menschen zerstört, provozierte eine weitere Frage: Wo kann man die »Natur des Menschen« finden? Voltaire, der Freiheitsexperte in der Aufklärung, höhnte, dass er sich durch Rousseaus Aufforderung »zurück zur Natur« veranlasst sehe, auf allen Vieren zu gehen. Um sich dem Gedanken der Natürlichkeit anzunähern, wurden die sogenannten »Wilden« ins Spiel gebracht, wo die in kleinen funktionierenden Gruppen dem Ideal der Natürlichkeit entsprächen.

Mittlerweile wissen wir aber, wie sehr auch die sogenannten Naturvölker kulturell überformt sind oder sein können. Sie greifen etwa in die körperliche Entwicklung ihrer Kinder massiv ein, indem sie durch entsprechende Maßnahmen Turmschädel oder Langhälse erzeugen oder den Frauen Genitalverstümmelung antun etc. Oder sie beeinflussen die psychische Entwicklung ihrer Mitglieder so sehr, dass diese bei einer Tabuverletzung gleich freiwillig sterben. Der Hinweis auf die Naturvölker, die zum Teil durchaus erstaunliche Leistungen vollbringen, muss heute als gescheitert anzusehen sein. Und selbst, wenn einige Naturvölker ihre Lebensverhältnisse optimal lösen sollten, kann man daraus nicht allzu viel lernen, wie wir die Herausforderungen unserer Zivilisation in den Griff bekommen können.

Nun gut, Europa hatte seine Aufklärung. Mit ihrer Hilfe löste man viele Probleme – doch wir sind nicht aufgeklärt genug, die aus diesem Geist entstandenen Probleme zu lösen. Dieser Geist brachte ein intensives wissenschaftlich-technologisches Wachstum, mit dem die mentalen Qualitäten der Menschen kaum Schritt halten können.

Ein Beispiel dafür gibt die Medizin. Ihr Fortschritt ist natürlich sehr wohltuend; als negative Nebenwirkung müssen wir allerdings das sprunghaft ansteigende Bevölkerungswachstum in vielen Staaten der Welt sehen, das dort vielfach nur militärisch gelöst wird und in Flüchtlingswellen wie ein Bumerang zu uns zurückkommt. Im Okzident gab es diese individuelle Überforderung im 19. Jahrhundert; aber auf eine Konsolidierung in den anderen Staaten haben wir keinen Einfluss, insbesondere dann, wenn wir mit ihnen in Konkurrenz und im Konflikt leben.

Viele Völker der Dritten Welt weisen eine Verdoppelung der Bevölkerung binnen 20 oder 30 Jahren auf; der Iran mit seiner derzeitigen Reproduktionsquote unterhalb der 200 Kinder pro 100 Frauen zeigt die Umstellung auf eine »moderne« gesellschaftlich verantwortete Lebensart. Vielleicht war der erste Golfkrieg, der im Iran allein an die 500.000 junge Männerleben kostete, der Impuls zur Umstellung.

Die »vormoderne« Einstellung nahm den Krieg eher als Schicksal wahr und ließ sich jammernd auf ihn ein. Wird die Zahl der jungen Männer so groß, dass sie nicht mehr sinnvoll in die Gesellschaft integriert werden können, so stellt dieses junge Kraftpotenzial eine große Gefahr für das Establishment dar. Geht nun die Dezimierungsabsicht von den Herrschenden aus, erscheint der Krieg wie ein Aderlass gegen Bluthochdruck, der den unerträglichen Druck reduziert – also eine postnatale Abtreibung. Diesem Ansatz entspricht etwa der Krieg des Irak gegen den Iran in den 1980er-Jahren (erster Golfkrieg). Geht aber der Wunsch nach Veränderung von den jungen Männern selber aus, ist das eher zu verstehen wie das russische Roulette. Bevor sie unnötig weitervegetieren, überlassen sie die Entscheidung über ihr Leben oder ihren Tod lieber dem Schicksal; Selbstmord-Attentäter gehen noch einen Schritt weiter und trauen nicht einmal mehr dem Schicksal. Wer weder seine Mitte noch eine Heimat gefunden hat, kann auch eine imaginäre Heimat im Himmel suchen.

Aber auch im aufgeklärten Westen erscheint das gesellschaftlich relevante Bewusstsein als flimmernder Bildschirm, der in wirtschaftlichen Angelegenheiten keine verantwortbare Orientierung aufzeigt. Nur das Wort Schicksal hat sich verändert und wird heute »Sachzwang« genannt. Die Klimaerwärmung und der allgemeine Ressourcenverbrauch, die von der im Westen entwickelten Technikkultur ausgehen, sind demgemäß offensichtlich auch nicht gerade leicht einzubremsen. Um die Beschäftigung zu halten, muss immer mehr Natur in Müll verwandelt werden.

Die islamische Praxis, die in manchen Nebenaspekten der Sexualität so großen Wert auf Moral legt, erscheint in einem Hauptaspekt so unfähig – der Hauptaspekt wäre eine familiär und gesellschaftlich verantwortete Elternschaft. Nachdem dieser Aspekt in dieser Kultur jedoch wenig berücksichtigt wird, kommt es zum Krieg oder es ist Auswanderung erforderlich, für die fremde Territorien notwendig werden.

Eine Problementwicklung, die auch auf eine Überpotenz zurückgeht, findet gerade in den entwickelten Ländern – also bei uns – statt. Menschliche Arbeitskraft durch Maschinen zu ersetzen, fällt uns leicht; aber friedenstaugliche Lebensbedingungen herzustellen, wird uns immer schwerer fallen. Die westliche Kultur, die wir die moderne nennen, steht dem Versagen des Islam in nichts nach; für die Aufrechterhaltung unserer Zivilisation brauchen wir für das Aufbringen der notwendigen Rohstoffe die ganze Welt und große Teile der Weltbevölkerung als Kunden auf den Absatzmärkten. Beide Kulturen gefährden eine friedliche Entwicklung für die zukünftigen Generationen, wenn auch in gegensätzlicher Weise.

Wir sollten uns auf eine neue Aufklärung einlassen, die die religiös-philosophischen Antworten sucht, deren Mangel uns zu schaffen macht. Welche Anregungen taugen, einen geeigneten Weg einschlagen zu lassen?

Als eine der Errungenschaften der Weltkultur könnte der Erkenntnisweg Yoga ins Spiel gebracht werden: »Nun also folgt Yoga«; mit diesem Satz beginnt das Yoga-Sutra des Patanjali (siehe oben).

Patanjali gibt vor, eine Technik zu kennen, die dem Menschen Einblick in seine »Urnatur« gibt – und das ist die Meditation. Niemand wird ein Erwachsener, der nicht zuvor in seine Kultur hineingeformt und hineinverformt wurde. Im Zustand der

Meditation könne man noch als Erwachsener dem nachspüren, wie man individuell hätte anders werden können, wie man sich besser oder lieber fühlen könnte, wie man freudiger leben oder kreativer sein oder verantwortlicher leben könnte usw.

Diese Fragen tauchen gehäuft im Übergang vom Jugendlichen zum Erwachsenen auf; kommen wieder in der Mitte des Lebens und vielleicht noch einmal vor dem Tod. Im Einklang mit diesen Phasen und auch außerhalb dieser wird im Yoga Weisheit lehr- und lernbar.

Die Frage zu beantworten, wie es immer wieder dazu kommt, dass sich Kulturen nicht im Rahmen »natürlicher« Entwicklungsstränge positiv ausbilden, ist vielleicht eine Sache der Wissenschaft; die Tatsache, dass es so ist, ist offensichtlich. Unsere Kultur setzt nicht nur ihre eigenen Teilnehmer unter Stress, sondern auch die an ihr wenig beteiligten Völker und die uns beherbergende Natur.

Sowohl das individuelle Leben als auch das Zusammenleben in der Gemeinschaft können in der Meditation zum Thema gemacht werden. Indem man sich intensiv mit einem entsprechenden Thema auseinandersetzt, werden sich in einer der nachfolgenden Meditationen mit großer Wahrscheinlichkeit einschlägige Antworten ergeben. Konrad Lorenz ging noch davon aus, dass der Mensch mit einem Aggressionstrieb ausgestattet sei. Nicht nur Yoga, sondern auch der aktuell lehrende Gehirnforscher Joachim Bauer (siehe Literaturhinweis »Das kooperative Gen«) kommen zur übereinstimmenden Überzeugung, dass Aggression kein Trieb sei, also nicht unausweichlich wäre, sondern »nur« eine Folge einer falschen Lebensorganisation, etwa eine Reaktion auf die Überschreitung der jeweiligen Schmerzgrenze der Opfer.

Yoga benennt außerdem die Geistesgifte Gier, Hass und Ich-Verhaftung sowie Unwissenheit als ihren Grund; diese sind Ursachen von Aggression. Da Wissensdurst und Bildungshunger dem Wesen des Menschen entsprechen, entspricht Unwissenheit keinem natürlichen Trieb und ist überwindbar. Die Ablehnung von Gier und Hass teilt Yoga mit etlichen anderen Religionen, insbesondere auch mit dem Hauptstamm des Christentums.

Der Calvinismus als Nebenzweig hingegen lässt die Gier durch die Hintertür herein, indem sie den materiellen Erfolg als gottgewollt und damit als tugendhaft ansieht. Diese Lehre genießt große Sympathie nicht nur in unserer Gesellschaft.

Es gibt Aggression so wie es Angst gibt; aber diese beiden sind nur sekundär, während die Kulturkomponenten Kooperation, Kommunikation und Kreativität sowie Mitgefühl primäre Bedürfnisse des Menschen sind und ihren Sitz in der Natur haben. Um das nicht nur formal zu wissen, sondern auch real zu empfinden und zu erfahren, bietet sich die Sammlung des Geistes als Mittel an – und das ist Spiritualität.

Daraus kann sich ein eigenes Verhalten ergeben, das die anderen Menschen nicht provoziert. Der Vorrang der positiven Bedürfnisse gegenüber dem Nachrang der negativen Reaktionen ergibt einen Raum für den Frieden; es gilt aber zu erkennen, dass dieser Raum nicht sehr weit ist – jedenfalls viel zu schmal für die aktuell vorhandene Sensibilität! Yoga hat in seinem Programm, diese zu fördern.

Der große britische Naturforscher Charles Darwin (1809 bis 1882) entdeckte die Evolution als Prinzip in der Natur; das Fittere, also das besser Angepasste, setzt sich durch und verdrängt das weniger Fitte. Das aus dieser Erkenntnis entstandene Problem ist die Vorstellung, dass sich alles auf der Welt in einem permanenten Kampf – jeder gegen jeden – befände: Damit ist der Vulgär- oder Sozialdarwinismus entstanden.

Obwohl Darwin das Wort »fit« verwendet hat – und das heißt »angepasst«, hat doch dieser Begriff keinen großen Stellenwert in der gegenwärtigen Interpretation. Man versucht eher entweder durch Stärke oder durch Schläue zu siegen und damit sein individuelles oder das gesellschaftliche Überleben zu gewährleisten, sodass die Starken die Schwachen und die Schlauen die Dummen auszubeuten versuchen. Und dieser Kampf schädigt den gemeinsamen Lebensraum und ist für das Überleben kontraproduktiv. Man wird wohl Weisheit brauchen, um zu erkennen, was »angepasst« – also passend – ist.

In den Reihen der Demokraten gelten Gewalt und Kampf als

unzulässige Erwerbsart; eine solche Form wird auch als Faschismus diskriminiert. Allerdings scheinen viele Demokratien auf einem Auge blind zu sein, indem sie die Ausbeutung der Dümmeren durch die Schlaueren als gerechtfertigt ansehen: »Wer sich mehr nimmt, der hat mehr.« Diese Denkweise findet ihre Umsetzung im Neoliberalismus. Die Bibel etwa reduziert die Beurteilung einer Handlung nicht auf die Tat, sondern erweitert sie auf die Früchte der Handlungen und relativiert damit die Handlungsweise. Menschen mit mäßiger Sozialbildung kann man noch den Handel als ethisch und den Kampf als unethisch einreden; eine Denkweise, die bei genauerer Betrachtung aber nicht friedenstauglich ist. Menschen, die nicht in unsere Kultur hineinzivilisiert sind wie etwa Moslems, betrachten das als Übervorteilung und setzen der Schläue Gewalt gegenüber.

Auch wenn es nach Darwin weitere Vertreter gegeben hat, die die Selektion als unausweichlichen Prozess in den Mittelpunkt ihrer politischen Haltung gestellt haben, hat doch Darwin die Einführung der Brille und die Schutzimpfungen als die die Evolution störende Eingriffe abgelehnt. Eine bloß vordergründige Interpretation von Rousseau und Darwin könnte einen massiven Kulturpessimismus erzeugen: In den 8oer-Jahren wollte Pol Pot – der »Bruder Nr. 1« in Kambodscha – ein den natürlichen Bedingungen entsprechendes Paradies schaffen, indem er die Stadtbewohner aufs Land hinaustreiben und die Brillenträger, die er für Intellektuelle hielt, ermorden hat lassen. Mahatma Gandhi, der auch von Rousseau beeinflusst war, wollte hingegen die vorrangige Förderung der Dorfkultur.

Durch eine schräge Interpretation der Tatsache der Evolution ist der Faktor der Selektion dominant geworden; und dieser hat den Faktor Anpassung in den Hintergrund gedrängt. Die Menschen selektieren nach ihren Gesichtspunkten, kennen aber die Selektions- und Ausscheidungskriterien der Natur nicht – diese Unkenntnis birgt Gefahren in sich!

Hitler-Deutschland hat die genetische Evolution gegenüber der kulturellen in den Vordergrund gerückt und sich damit nicht als kulturell »angepasst« gezeigt. Der Widerspruch von genetischer

Selektion und kultureller Evolution ist unleugbar; in der Politik sollte man jedoch darüber Bescheid wissen, damit konkrete Entscheidungen nicht mehr Schaden als Nutzen erzeugen.

Derzeit ist ein Trend zum Nationalismus – und damit zur genetischen Selektion – unleugbar. Die heutige Wirtschaftskrise hat ihren Grund darin, dass sich die Volkswirtschaften nach den Denkmustern der Privathaushalte und den Interessen der Betriebswirtschaften richten und damit nicht an eine Anpassung an die weltwirtschaftlichen Bedingungen herankommen. Die Wirtschaft beruht wie die Natur auf dem Prinzip eines Kreislaufsystems; die aktuelle Wirtschaft bleibt aber oft hinter diesem Ideal und dieser Wirklichkeit zurück. Wenn sich Geld- und Warenströme in irgendwelchen Sackgassen verirren oder in Einbahnstraßen gelenkt werden, sind sie für die Wirtschaft verloren.

Wenn man schon ein globales Wirtschaftssystem eingerichtet hat, taugt nationalistisches Denken nicht mehr. Die Globalisierung, die wir haben, ist an den nationalistischen Denkbeschränkungen vieler Protagonisten gescheitert; die Rückführung auf nationale Systeme wird aber an der globalen Wirklichkeit scheitern, die mittlerweile eingerichtet worden ist. Man kann in dem einem und dem anderen System gut leben, muss sein Denken aber am jeweils eingerichteten System ausrichten; hier bekommt das Wort »Anpassung (Best Fitting)« von Charles Darwin seine ursprüngliche Bedeutung.

Man kann nichts dagegen tun, dass jeder seinen eigenen geistigen Horizont hat und der kann auch eng sein. Man kann aber feststellen, dass nationales Denken nicht ausreicht, wenn global gehandelt wird. Insbesondere wenn man »die Fremden« nicht als Subjekte, sondern sowohl sie als auch ihre Länder bloß als Objekte der Ausbeutung ansieht, ist Frieden schwer aufrechtzuerhalten. Solange sich Staaten nationalistisch installieren, führt Globalisierung zur Ausbeutung.

Das römische Sprichwort, das Hemd sei einem näher als der Rock, führt insofern in die Irre, weil in unseren Breiten das Hemd ohne Rock den Erfrierungstod nicht verhindern kann. Das Denken in einem gesamtheitlichen Zusammenhang – des

AUM in Indien und Gottes im Christentum – ist offensichtlich schwierig.

Diesseits des Extrembeispiels Kambodscha gilt auch in der sogenannten freien Welt die Konkurrenz als Kultur- und Lebenselixier. Der Fitteste – so nennen wir irrtümlich den Stärkeren oder den Schlaueren – soll überleben, der selektierende Konkurrenzkampf tobt; und weil wir »vor allem« die Wirtschaft kämpfen lassen, kommen wir uns dabei sogar noch friedlich vor.

Dass dabei nicht nur halb Europa, sondern die Hälfte der Weltbevölkerung zu Verlierern mutiert, spielt für uns als vorläufige Gewinner des Kulturkampfes solange keine Rolle, als von dem anderen Ende der Welt keine gewaltsame Abwehrhaltung kommt. Der Kampf derer, die sich aus Wut stark fühlen, gegen die, die sich wegen ihrer Schläue im Recht fühlen, hat schon begonnen. Die Wirtschaft, wie sie derzeit betrieben wird, ist die Fortsetzung des Beutekrieges mit an sich friedlichen Mitteln. Menschen, die nicht in unsere westliche Kultur hinein verstrickt sind, fallen immer weniger auf diese Argumente herein, reagieren primitiv auf die Wirklichkeit und versuchen sich das durch Gewalt zurückzuholen, was ihnen durch Schläue genommen wurde.

Die moderne Wirtschaft setzt also das fort, was das Militär mit wechselndem Erfolg seit Tausenden von Jahren getrieben hat; neben ihrem stabilisierenden Faktor in ihrer Verteidigungsfunktion ließ sich auch immer wieder auf Beutekriege ein.

Die Entwicklung der Feuerwaffe hat dem »weißen Mann« über Jahrhunderte die Macht gegeben, weite Räume der Welt auszubeuten. Nachdem aber die Welt schon ziemlich verteilt war, versuchten einzelne europäische Staaten den anderen die Beute abzujagen; das führte zu zwei Weltkriegen. Durch die hohe technische Entwicklung, die die atomare Zerstörung mit sich bringen kann, hat der herkömmliche Krieg schon ziemlich ausgedient; und nun versuchen als fortschrittlich geltende Politiker Abrüstungsprogramme zu initialisieren und den Beutekrieg abzuschaffen. Der asymmetrische Krieg ist aber als Kampfart wiedererwacht und hat im Selbstmord-Attentat ein kaum zu verhinderbares Kampfmittel eingeführt.

Auch die Wirtschaft ist technisch so hoch gerüstet, dass die unbestreitbare öko-soziale Krise nicht mehr durch Produktionssteigerung und Wettbewerb lösbar ist, sondern dass wohl nur noch technische und organisatorische »Abrüstungsbemühungen« den Wirtschaftskrieg verhindern können.

Und ein Wirtschaftskrieg führt unvermeidlich auch zu militärischen Implikationen; Frieden hat die höhere kulturelle Qualität und ist demgemäß auch schwieriger herbeizuführen und zu erhalten. Frieden braucht eine hohe Kooperationsbereitschaft und die Berücksichtigung der Interessen der jeweils anderen und Vorsicht bei der Aneignung der Güter der anderen.

Die Rolle der Kräfte Wirtschaft und Militär sollte deshalb sorgfältig abgewogen werden; wenn Streitkräfte defensiv konstituiert sind, tragen sie mehr zum Frieden bei als die vielen offensiven Wirtschaftseinrichtungen. Es ginge uns allen besser, wenn die Staaten ihre Macht nicht zur Förderung der militärischen oder wirtschaftlichen Expansion nützen, sondern im Sinne einer friedlichen Welt kooperieren würden.

Es gibt internationale Abkommen, wie das zum Schutz der Artenvielfalt oder zum Schutz der Wale, die im Interesse höherer Werte den freien Wettbewerb einschränken oder aussetzen. Es gibt aber auch Abkommen zwischen einzelnen Staaten im gemeinsamen Interesse dieser, die den internationalen Wettbewerb unterlaufen, weil sie merken, in diesem System zu unterliegen.

Wenn sich Staatengemeinschaften gegenseitig Sonderbegünstigungen wie beim TTIP (Transatlantic Trade and Investment Partnership) einräumen, machen sie das, was Firmen als illegale Preisabsprachen nicht tun dürfen. So eine Absurdität kommt zustande, wenn die Beteiligten zwar merken, dass das System für sie nicht taugt, aber sie den Glauben an dieses System nicht aufgeben wollen.

Einzelne Staaten versprechen sich dadurch im Wettbewerb untereinander bessere Chancen, statt gemeinsam ein besseres System zu suchen. Verträge dieser Art erfüllen nur Wünsche der Wirtschaft. Sie tragen aber nicht zur Lösung wichtiger gesellschaftlicher Schwierigkeiten bei; sie minimieren weder den

Überhang der Produktivität gegenüber der Nachfrage noch entschärfen sie die Übernutzung der Welt. Eine notwendige Reform würde ein allgemeines Dumpingverbot erfordern, das Preise ausschließt, die unter Raubbaubedingungen an Natur und Mensch entstehen.

Es gibt viele Beispiele für das Versagen von Kooperationen. Wenn schon Allah die Länder der Muslime mit reichen Bodenschätzen ausgestattet hat, ist es für diese gewiss ärgerlich, zu sehen, wie die Ungläubigen diesen Reichtum genießen und sie selber zum Teil schweren persönlichen und gesellschaftlichen Verwerfungen ausgesetzt werden. In Entwicklungsländern mit Bodenschätzen gibt es häufiger kriegerische Auseinandersetzungen als sonst wo; das wird wohl auch mit den internationalen Kunden etwas zu tun haben. Nach vielen Jahren, in denen sich die Menschen in den reichen Erdölländern die ungleiche Nutzung »ihres Bodenschatzes« reaktionslos gefallen haben lassen, kommt es nun zum Aufruhr; und die Europäer stehen einem anderen Verständnis von Gerechtigkeit fassungslos gegenüber.

Ob nun die Muslime, die auf die Gerechtigkeit Allahs hinweisen, ihre gewaltsamen Aktivitäten zur Herstellung der gewünschten Gerechtigkeit als Motiv oder als Argument erleben, kann aus dem Bewusstsein Europas nicht entschieden werden.

Jedenfalls ist Nigeria, das Heimatland der Boko Haram, ein gutes Beispiel für das Zusammentreffen negativer Bedingungen. Als externe Faktoren reduziert die Klimaerwärmung die Fruchtbarkeit der Weiden und Felder und der Kauf von Überschussprodukten zu subventionierten Dumpingpreisen aus Europa schädigt die nationale Landwirtschaft zusätzlich. Dazu kommen die nationalen Faktoren wie das Bevölkerungswachstum und das Korruptionsnetz, das die Einnahmen aus dem Ölverkauf hierarchisch strukturiert abfängt, bevor das »gewöhnliche Volk« einen Anteil davon bekommt.

Und selbst die Verteilung der Öleinnahmen an das Volk, wie es die Golfstaaten handhaben, birgt gesellschaftlichen Sprengstoff. Auch Spanien ist am schnellen Zuwachs an Reichtum durch die Kolonisierung Lateinamerikas gescheitert.

Die offensichtlich zu rasche aktuelle Ausbeutung der entsprechenden Bodenschätze führt in den wenig entwickelten Abbauländern zu gesellschaftlichen Krisen, in den Nutzungsländern und darüber hinaus vorerst zu ökologischen Schädigungen als Vorboten von entsprechenden sozialen Verwerfungen. Die technischen Möglichkeiten übersteigen die Fähigkeit zur kulturellen Anpassung bei uns und erst recht in den Entwicklungsstaaten.

Staaten, die sich guter Bedingungen erfreuen, etwa Bodenschätze, hoher Bildungsgrad und gute Organisation, können dem Jobkiller Industrialisierung gerade noch recht und schlecht gegenhalten. Solche Volkswirtschaften können andere Volkswirtschaften, die unter schlechten Bedingungen leiden, leicht besiegen; aber was sie mit den Menschen, die zu Verlierern werden, tun können oder sollen, ist noch nicht ausgemacht.

Die Tatsache, dass das »christliche Abendland« die eigenen Ressourcen auch mit großer Geschwindigkeit ausbeutet und verbraucht und damit die Lebenschancen der eigenen Nachfolge-Generationen verkürzt, wird die Ausbeutung anderer Territorien weder entschuldigen noch rechtfertigen, höchstens erklären.

Die Flüchtlinge, die jetzt nach Europa strömen, sind Botschafter des Versagens, das wesentlich auch von uns Abendländlern ausgeht. Wir fühlen uns als Opfer der Völkerwanderung; in Wirklichkeit sind wir aber Opfer unserer sinnlosen Rationalität. Die Taktik, im Sinne der Konkurrenzfähigkeit in der Wirtschaft zu rationalisieren und zu digitalisieren, zeigt nur einen geringen Intelligenzgehalt, denn diese Vorgangsweise vernachlässigt die gesellschaftlichen Wirkungen. Für eine Führungskultur, wie es die euro-amerikanische noch ist, ist es blamabel, sich auf den Sachzwang auszureden, den die gelebte Strategie formt. Diese Strategie zu verstehen suchen und über eine bessere nachzudenken, wäre ein lohnenderer Weg.

Die Reaktion auf das unzureichende System kommt zeitverzögert, aber verstärkt durch die auswärtigen Probleme zu uns zurück. Auf die Kritik der 68er-Bewegung an der Teilhabe ihrer Eltern am Hitler-System reagierten die Deutschen und Österreicher erstaunt, denn sie hätten ja nur ihre Pflicht getan. Wenn nun aber in der Folge die erfolgsverwöhnten Nachkriegsgenerationen nicht nur am Cashflow zu messen sein werden, sondern am Niveau ihrer Vernunft, wird die Bilanz der Zivilisation traurig ausschauen. Eine der zukünftigen Generationen wird unseren zwei oder drei aktuellen Generationen vorwerfen, nicht der Vernunft gerecht geworden zu sein, sondern nur im Rahmen des Zeitgeistes fleißig und erfolgsbedürftig diesem Zeitgeist gedient zu haben; Fleiß ist bloß eine Subqualität des Menschen.

Die Skepsis einem neuen alternativen System gegenüber ist durchaus richtig, denn für ein solches fehlt bisher eine taugliche Taktik; die Kritik daran ist vorläufig allerdings wenig Erfolg versprechend, weil es für die negativen Folgen des herrschenden Systems auch keine denkmögliche Taktik gibt, die auf eine friedliche Entwicklung hoffen ließe.

Der Traum eines Schlaraffenlandes entspringt nicht der menschlichen Urnatur, weil es dem menschlichen Leistungsbedürfnis keinen Raum gibt. Aber die alte Sehnsucht des Menschen nach einem Paradies gibt eine wertvolle Zielvorgabe an. Das Paradies der Bibel ist allerdings hierarchisch bzw. patriarchalisch gedacht – es stellt Gehorsam vor Erkenntnis. Hingegen dachte es die Französische Aufklärung mit den Inhalten »Freiheit / Gleichheit / Brüderlichkeit« schon demokratisch.

Um Missinterpretationen der modernen Sehnsucht nach dem Paradies hintanzuhalten, kann man noch den Beitrag des Anthroposophen Rudolf Steiner (1861 bis 1925) dazu nehmen. Er weist den einzelnen Zielvorgaben entsprechende Wirkfelder zu. Für das Geistesleben wünscht er Freiheit, für das Rechtsleben Gleichheit und für das Wirtschaftsleben Brüderlichkeit. Andere denkmögliche Zuschreibungen, etwa Gleichheit im Geistesleben, Freiheit im Wirtschaftsleben und Brüderlichkeit im Rechtsleben, würden das demokratisch-humanistische Ziel verunmöglichen.

Unter Nutzung der spirituellen Erkenntnistechnik zeigt die Bibel genug Hinweise, dass ein Paradies auf Erden durchaus möglich wäre; es gibt allerdings Umsetzungsprobleme und andere Sichtweisen drängen sich vor.

Nun kommt Allah gerade recht, als Rechtfertigung für den

Kampf gegen die kulturleitende Unfähigkeit des christlichen Abendlandes einzuschreiten und gegen diese Unfähigkeit andere Modelle anzubieten.

Allzu große Unterschiede im Lebensstandard – also von Hunger- und Wegwerfkultur – lassen auf Ungerechtigkeit schließen. Und empfundene Ungerechtigkeit kann ziemlich leicht Wut und Hass sowie dem gemäße Reaktionen auslösen. Vor 30 Jahren etwa war es einem durchschnittlich gebildeten Westeuropäer ziemlich klar, dass die großen Standard-Unterschiede in Lateinamerika für die dortigen Gewaltexzesse Ursache waren.

Durch die »Horizonterweiterung« der Orientalen und Afrikaner ist nun Europa in deren Begehrenszone geraten; und weil das Problem nun uns betrifft, haben wir das Augenmaß verloren. Es stellt sich die Frage, wie weit eine Gesellschaft bereit ist, auf Luxus zu verzichten, um dafür Sicherheit bzw. Frieden einzutauschen. Je größer der Unterschied zwischen den Lebensstandards ist, umso höher müssen die Zäune werden und umso weniger wird Gewalt auszuschließen sein. Man kann das akzeptieren, negieren oder darauf reagieren.

Mahatma Gandhi wurde einmal gefragt, wann denn die Inder mit einem Lebensstandard so wie im Vereinigten Königreich rechnen könnten. Die Antwort war, dass das Vereinigte Königreich die halbe Welt für seinen Standard bräuchte; um das gleiche für Indien zu haben, würde man eine zweite Welt brauchen.

Der europäische Adel hat etwa über eine Spanne von 600 Jahren im Interesse seiner Privilegien wiederkehrende Bauernaufstände in Kauf genommen. Im 19. Jahrhundert wurde die Bauernschaft als Ausbeutungsopfer entlassen und gegen die Arbeiterklasse getauscht. Mithilfe des Staates (Deutschland 1805, Österreich 1848) wurden die landwirtschaftlichen Flächen den Bauern überlassen und den früheren Grundherrn durch Geld abgelöst, sodass diese in die industrielle Produktion einsteigen und das gute Leben zulasten anderer fortsetzen konnten; da übernahmen nämlich die Arbeiter die Rolle der Ausbeutungsopfer. Wenn Interessen im Spiel sind, ist Einsicht schwierig.

Mittlerweile lebt die moderne Konsumgesellschaft auf Kosten

der ganzen Welt und zulasten zukünftiger Generationen; den extremen Moslems eine sanfte Interpretation des Islam entgegenzusetzen, was oft versucht wird, kann nicht sehr viel bringen. Die Extremisten berufen sich weniger auf die saturierten Rechtsgelehrten, sondern direkt auf Allah, schieben ihm ihre eigene Interpretation von Gerechtigkeit in die Schuhe, fühlen sich von ihm gestärkt und tun, was sie können, nämlich kämpfen; aus dem Glauben an Allah nehmen sie ihren Mut und ihre Kraft, um ihrer Wut Ausdruck zu geben; der Koran bietet eine breite Möglichkeit zur Interpretation, sodass ein Muslim seine Religion nicht aufgeben muss, wenn er sich gegen seine Ausbeutung gewaltsam zur Wehr setzen will.

Dadurch werden wir im Westen auch, immerhin vorläufig aber nur geringfügig, Opfer dieses Kampfes – jedoch sind wir zumindest teilweise die Ursache davon. Wenn die Ordnung versagt, ist das Chaos leicht möglich und Europa wird Fluchtziel der Kriegsopfer.

Gerechtigkeit tut manchmal weh. Und wer nicht glaubt, dass es sich in diesem Fall um Gerechtigkeit handelt, der möge an den alten deutschen Rechtsgrundsatz denken: »Wer den guten Tropfen hat, der soll auch den schlechten haben!« Das gute Öl haben wir nicht nur tropfenweise verbraucht und vergeudet und damit unseren Luxus entwickelt. Manche Geschäfte sind nicht »nebenwirkungsfrei«.

Westeuropa hat seinen Höhenflug in den Reichtum der letzten 60 Jahre vor allem – jedenfalls nicht zuletzt – dem billigen Öl zu verdanken. In den 60er-Jahren, als die damals Erdöl exportierenden Länder (OPEC) höhere Preise für ihre Energie verlangen wollten, wurde das durch die Ausbeute des Nordseeöls und durch Gasimporte aus der Sowjetunion verhindert; die Turbo-Industrie kam in die Gänge; und es ist so schwer, sie auf ein manövrierbares Maß zurückzunehmen. Nun, da es zum Zahltag dieser Entwicklung kommt und die Flüchtlinge in den europäischen Raum einwandern wollen, ist das Vergangene vergessen und wir fühlen uns unschuldig wie die Soldaten, die für Hitler kämpften.

Die Staaten, die hinter dem Eisernen Vorhang lagen, hatten keinen Vorteil von der Ölschwemme aus dem Orient; im Westen wundert man sich, dass diese auch keinen Anteil an der Menschenflut haben wollen. Dieser Anflug von Gerechtigkeitsdenken mag komisch anmuten; die bisher praktizierte Form von Gerechtigkeit, wie wir sie nannten, hat sich jedenfalls nicht als friedenstauglich erwiesen.

Der Grund der einsetzenden Fluchtbewegung der Orientalen und der Afrikaner, also die Suche nach neuem »Wohnraum«, ist einerseits das überbordende Wachstum der flüchtenden Bevölkerungen und damit selbsterzeugt; der Grund für den Kollaps ihrer Wirtschaften ist die westliche Wirtschaftsform und die dadurch entstandene Klimaerwärmung. Diese beiden liegen in unserer Verantwortung.

Macht man eine Anleihe bei der Gerechtigkeit, so braucht Europa nicht allen Bedürfnissen nach Lebensraum nachkommen, sollte wohl aber endlich taugliche Überlebenshilfen für die geschädigte Wirtschaft dieser Staaten geben. Auch wenn die Klimaerwärmung nicht die Folge der Wirtschaft in den entwickelten Systemen wäre, bleibt noch ein guter Anteil unserer Schuld am Misserfolg der benachteiligten Staaten übrig.

Die Vereinigten Staaten von Amerika bemühten sich darum, den Handel mit Erdöl auf Dollarbasis umzustellen, um der Dollarwährung eine valide Basis zu geben; Gaddafi aus Libyen und Saddam Hussein aus dem Irak hielten sich nicht an diesen Wunsch, sodass die Weltmacht USA deren Herrschaft beendeten. Die Menschenrechtsverletzungen in diesen Staaten dienten wohl mehr als Argumente als als Motive.

Vor der Ausschaltung der Macht Saddam Husseins hatten die USA den Irak benutzt, um gegen den Iran Krieg zu führen (Golfkrieg I). Die Abwicklung der irakischen Streitkräfte nach dem dritten Golfkrieg stellt sich als Managementfehler der US-Verwaltung heraus; die an die Luft gesetzten Mannschaften, Offiziere und Geheimdienstleute entwickelten ein paramilitärisches Gebilde, den sogenannten »islamischen Staat«. Allerdings geraten die friedlichen, anpassungswilligen bzw. anpassungsfähigen Muslime als Geiseln zwischen die Fronten.

Selbst wenn der mehr oder weniger gläubige Moslem mit seinem Jeep durch die Wüste braust, kann er einen Hass gegen den vom Westen ausgelösten gesellschaftlichen Umbruch entwickeln, weil ihm vielleicht seine Tochter den Gehorsam verweigert. Große Umbrüche haben oft Gewalt zur Folge; die Disharmonie, die in Europa trotz oder auch wegen der Aufklärung eingetreten ist, hat bisher immerhin zwei große Kriege ausgelöst; eine große Auseinandersetzung, die den Kalten Krieg übersteigen wird, ist erst in Entstehung.

Da das westliche Zivilisationsverhalten sozial fragwürdig und ökologisch verantwortungslos ist, muss sich der Islam nicht unbedingt beruhigend in die internationalen Konflikte einbringen. Er kann im internen Bereich nicht Frieden halten und braucht nicht Opium für die Völker zu sein; er kann auch eine aktivierende Rolle wie Kokain einnehmen. Ausländische Staaten, die die eigene Wirtschaft aufgrund ihres Machtüberhangs übervorteilen, sind als Freunde und Berater kaum begehrt; so liegt es am Westen, die Zeichen der Zeit, etwa die Zerstörung des World Trade Center, zu verstehen. Nach dem Yoga ist Notwehr zwar durchaus angebracht; aber Problemanalyse und Vermeidung eigener Fehler werden bevorzugt. Selbst wenn der Westen die an sich notwendigen Gesellschaftsreformen durchführt, ist der Wut- und Racheprozess schon einmal in die Gänge gekommen und wird ohne polizeiliche und / oder militärische Maßnahmen kaum aufhören. »Wer zu spät kommt, den bestraft die Welt.«

Zu leben und das Leben weiterzugeben sind die zwei Grundinstinkte des Menschen, die sich aus der Evolution ergeben und so der Urnatur entsprechen. In unserer Kultur wird der Lebenstrieb dominant gehalten, die Fürsorge für spätere Generationen dagegen verkümmert, indem sie dem technischen Fortschritt nichts entgegenzusetzen hat. Gesellschaften sind grundsätzlich auf Dauer ausgerichtet; die daraus entstehenden Ansprüche werden in unserer Kultur aber kaum bis gar nicht bedient. Und auch in vielen Dritte-Welt-Ländern werden durch massives Bevölkerungswachstum und Verdrängung der Natur eher chaotische Zustände vorbereitet.

Wir in der westlichen Hemisphäre, die wir »Leitkultur« für die Welt sein wollen, wissen nicht, wie die schwächeren und folglich gewaltunterworfenen Völker reagieren würden, wenn wir sie fair behandelten – wir haben das an sich christliche Modell nur einmal probiert, und zwar im »heiligen Experiment« im 18. Jahrhundert durch die Jesuiten in Lateinamerika; und da wurden auch nur die Indianer human behandelt; Schwarzafrikaner mussten am Experiment als Sklaven mitwirken. Vielleicht wären weitere ausgereiftere Versuche anzustreben – denn Frieden ohne Fairness ist kaum zu haben.

So fällt es uns kaum auf, dass wir in Europa fast die Hälfte des Endverbrauchspreises des Benzins durch Steuern und Abgaben in unsere Staatskassen ziehen, während sich die Länder, aus denen das Öl kommt, die andere Hälfte des Ertrags mit den Produktionsfirmen teilen müssen.

Eine objektive Wahrnehmung der Wirklichkeit ist schwierig, wenn sie eigene Interessen anrührt. Selbst mein Freund, der mich vom Beginn meiner Arbeit an diesem Buch begleitet, zeigte sich überrascht von dem, was ich da an Ungerechtigkeit empfinde. Die entwickelten Staaten würden das Geld ja für den Straßenbau brauchen. Dass die noch nicht entwickelten Staaten dieses Geld auch dafür verwenden könnten, war ihm nicht eingefallen. Die Aufklärung setzt grundsätzlich auf objektive Wahrnehmung und das Christentum auf Gerechtigkeit, die die Gläubigen vollziehen sollten.

Aber die Vorstellung bringt es häufig nur zum Bild eines Stammesgottes, der auch die Parolen »Österreich zuerst« oder »Amerika zuerst« absegnet. Wer sich als Nationalist fühlt, ist auf dem Christus-Pfad noch nicht weit vorangekommen.

Um als Christ zu gelten, genügt die Eigenbeurteilung, also das Bekenntnis zum Christentum. Ob jemand als Yogi akzeptiert oder als Guru gewählt wird, unterliegt der Fremdbeurteilung.

Und selbst, wenn wir die Verteilung des Gewinns aus dem Ölgeschäft als ungerecht empfinden sollten, hilft uns Francois-

Marie Voltaire (1694 bis 1778) auf diesem ungerechten Weg weiter. Dieser – der große Liberale der Aufklärung – verdiente sich eine goldene Nase durch den Sklavenhandel.

Da die internationalen Händler die Sklaven von Afrikanern kaufen würden, so argumentierte er, träfe diese die Schuld; jedenfalls wäre die Schuld derer, die ihre Kinder verkaufen, viel größer. Das dürfte auch heute noch die dominante Ethik sein.

Hehlerei scheint keine Schuldgefühle zu erzeugen! So scheinen die westlichen Staaten die Partner in der Dritten Welt eher nach wirtschaftlichen Interessen auszusuchen als nach humanistischen Überlegungen. Niemand muss die Verantwortung für die innenpolitischen Folgen beim Handelspartner tragen; mit etwaigen unangenehmen gesellschaftlichen Folgen sollte er aber doch rechnen.

Als Lösung bietet sich eine Humanisierung des wirtschaftlichen Zusammenlebens an: »fair Trade« ist schon erfunden, wenn auch derzeit kaum umgesetzt. Es besteht darin, auch dem schwächeren Partner die Entwicklung von Kaufkraft zuzugestehen. Das kann die »unsichtbare Hand des Marktes« nicht leisten, dafür braucht es die »öffentliche«. Nach dem Zweiten Weltkrieg blühte die Wirtschaft in Westeuropa auf, weil durch die soziale Marktwirtschaft das Konkurrenzsystem politisch abgemildert war; die Interessen der Menschen als Arbeiter, als Unternehmer und als Konsumenten befanden sich in einer ausreichenden Harmonie. Die konservativen Parteien Europas verhielten sich gemäß der christlichen Soziallehre, die ihrerseits mit den sozialistischen Parteiprogrammen beinahe inhaltsgleich war bzw. einander ergänzten. Die Wirtschaftspolitik der Nachkriegszeit postulierte die soziale Verantwortung des Kapitals und hatte Friedenstauglichkeit zum Ziel; die derzeit dominante neoliberale Wirtschaftspolitik fördert die Gewinnmaximierung, die faktisch den potenten Kräften zugutekommt.

Als Reaktion auf die große Wirtschaftskrise der 1930er-Jahre entwickelte Oswald von Nell-Breuning seine Vorstellung von der sozialen Verantwortung des Kapitals und mit ihm trat der Neoliberalismus als die Einsicht, das Modell der »freien Marktwirtschaft« sei gescheitert, ins Spiel. In den 30er-Jahren bemühten sich etliche europäische Wirtschaftsforscher um ein taugliches Modell, um die konkreten Probleme zu lösen, ohne nach links zu rücken.

Die Modelle aber scheiterten daran, dass sie nicht umgesetzt wurden und das Bedürfnis der Bevölkerung Deutschlands, Italiens, Spaniens und Österreichs, es mit einem Diktator zu probieren, war stärker als die Fähigkeit der Zusammenarbeit der politischen Kräfte. Ohne ein Mitleid mit Adolf Hitler aufkommen zu lassen: er war auch ein Opfer des Wunsches der Gesellschaft nach einem starken Mann.

In den USA machte es Franklin D. Roosevelt (Präsident der Vereinigten Staaten von Amerika von 1932 bis 1945) mit der Verantwortung des Kapitals konkret; er setzte den Höchstsatz der Einkommensteuer von 30% auf 79% fest und finanzierte daraus das Beschäftigungsprogramm mit dem Namen »New Deal«. Dieses Programm reichte aus, die Folgen der Wirtschaftskrise bis zum Eintritt der USA in den Zweiten Weltkrieg aufzulösen. Der noch-Präsident Frankreichs François Hollande versuchte dasselbe und vergaß dabei, dass das Kapital schon international flügge geworden war.

Nach dem Ende des Zweiten Weltkrieges funktionierte die Zusammenarbeit der politischen Kräfte in Europa vorerst recht gut. Aber unter Missbrauch der Idee des Neoliberalismus – also der Idee der sozialen Verantwortung des Kapitals, verabschiedete sich in den 70er-Jahren das Kapital aus dieser Verantwortung und fand seine Freiheit unter der Theorie von Friedrich Hayek im Thatcherismus und in der Reaganomics. Das Kapital nutzte seine Freiheit und gab die Rolle, Diener der Realwirtschaft zu sein, auf und machte sich als Finanzkapital selbstständig. Der Kasinoliberalismus entwickelte sich. Und nach dem Zerfall der Sowjetunion kam die Globalisierung, die die grenzüberschreitende Freiheit des Kapitals mit sich gebracht hat und führte die Rückkehr des Kapitalismus durch die Hintertür wieder ein.

Dies versetzte der Idee der Internationalisierung der Arbeiter bzw. Beschäftigten den Todesstoß. Mit Ausnahme für einige

Spezialisten ist die Streikmöglichkeit auch in den Sozialstaaten zu Ende gebracht worden – die Löhne in den Hochlohnländern unterliegen der Konkurrenz der Billiglohnländer. Das ist eine Ursache für das »Kreislauf-Problem« der aktuellen Wirtschaft.

Der Liberalismus war ursprünglich eine humanistische Bewegung; der Neoliberalismus versuchte auch, der Humanität zu helfen; im konkreten Neoliberalismus hat er sich jedoch in sein Gegenteil verkehrt. Der Neoliberalismus stellt heute eine Variante des Kapitalismus her – weil nämlich Kapital freier ist als die Menschen. Von einer Verantwortung des Kapitals für die soziale Ordnung ist nicht viel zu merken. Vor allem negiert das gegenwärtige Wirtschaftsdenken, dass durch die Arbeitsteilung jeder Ertrag gemeinschaftlich erwirtschaftet wird und Leistungsanteile vor allem durch Machtverhältnisse und weniger nach Berechenbarkeit aufgeschlüsselt werden.

Die linken und die rechten Organisationen, die sich für Sozialrechte einsetzen, haben sich übers Ohr hauen und die Gewerkschaften haben sich ihre Potenz nehmen lassen. Der Bedarf der Menschen ist wirtschaftlich irrelevant, nur die Kaufkraft zählt; der Liberalismus löst das Problem mangelnder Kaufkraft nicht, sondern fördert vor allem die Selektion und erzeugt Sieger und Verlierer. In diesem Biotop ist es auch schwierig, Ökologiepolitik voranzutreiben; erfahrungsgemäß verdrängt der Gedanke des Wettbewerbs das Empfinden für den Lebensraum Welt.

Im Originalmodell des Liberalismus beschrieb Adam Smith das Verhältnis eines Bäckermeisters zu seinen Kunden; heute geht es um das Verhältnis von Ölgesellschaften mit Völkern.

Wer da den systemischen Unterschied nicht sieht, ist entweder geistig blind oder durch Gewinnaussichten verblendet. Was im Kleinen und im persönlichen Kontakt funktioniert – etwa das Idyll von Bäcker und Kunden – muss es im Großen überhaupt nicht tun.

Im Versuch, seine Ideologie als richtig darzustellen, wird oft auf ein Modell hingewiesen, wodurch die gesellschaftliche Wirklichkeit verschleiert werden soll; aber wer negiert, dass die großen

Geschäfte wohl immer unter asymmetrischen Machtverhältnissen abgeschlossen werden, ist entweder naiv oder rücksichtslos.

Das Wort »Selektion« tendiert zum Krieg; das dem Frieden adäquate Wort ist »Kooperation«. Der Markt ist in einer arbeitsteiligen Wirtschaft für die Verteilung der Produkte zwar geeignet; als oberste Instanz für soziale und ökologische Entscheidungen taugt er jedoch keinesfalls. Den zukünftigen Generationen etwa fehlt es am Markt an Interessensvertretern.

Der Wert einer Sache oder einer Leistung wird durch den Preis nur ungefähr dargestellt; der Preis ist nämlich vor allem Ausdruck der Umstände, nicht des eigentlichen Wertes; derartige Umstände sind zum Beispiel Macht- oder Notbedingungen. Der Wert der Natur drückt sich kaum in einem Preis aus oder ein Stück Gold kann in der Wüste für eine Flasche Wasser weggegeben werden. Weil die Differenz nicht immer so groß und die Verwendung von Geld für den Wirtschaftsbetrieb sehr praktisch ist, wird dieser Mangel im Geschäftsverkehr zu vernachlässigen sein.

Aber wenn die Staaten, die auf der volkswirtschaftlichen Ebene agieren, die Preisbildung durch den Markt als verbindlich ansehen, wird eine Katastrophe eingeleitet – die Ungenauigkeiten addieren und potenzieren einander.

Die Preise am Markt ergeben sich aus den individuellen Emotionen der Marktteilnehmer. Viele moderne Wirtschaftswissenschafter erklären sie als objektiv und wundern sich, dass die weiterführenden Ableitungen nicht viel taugen. Auf der gesellschaftlichen Ebene, etwa der Volks- bzw. Weltwirtschaft ergeben sich andere Einschätzungskriterien, die vielfach eine Revision der Ersteinschätzung notwendig machen. Ist man nun Kommunist, so wird man die vermeintlich gesellschaftliche Einschätzung als Glaubensgut vertreten, als Neoliberaler wird man die individuelle Einschätzung als Glaubensgut dominieren lassen. Beide Extreme werden der Wirklichkeit nicht gerecht.

Der Mensch als Steuerorgan für sein eigenes und für das gesellschaftliche Leben und Überleben bedarf der Sensibilität und der Rationalität als Erkenntnismittel und der Emotionalität als

Mittel zur Durchsetzung der Erkenntnisse. Eine Notwendigkeit von Glaubensinhalten kommt in diesem Modell nur als Dominanz des Humanismus vor.

Werden die Arbeitnehmer unter ihrer Leistung entlohnt, sinkt ihre Kaufkraft und damit die Nachfrage. Behalten sich die Unternehmer zu viel Profit, so fördert das die Investitionen; und die Produktivität geht ohne Kaufkraft ins Leere.

Die Frage, wie viel Staat und wie viel Markt notwendig bzw. möglich ist, verursacht einen würdigen Streit. In diesem Streit sollte jedenfalls keiner der beiden Extremstandpunkte siegen. Das Ziel sollte hingegen eine harmonische Annäherung der beiden Faktoren sein. Will der Mensch optimal entscheiden, wird er sowohl seine Emotionen als auch seine Rationalität ins Spiel bringen; die gesellschaftlichen Handlungen, die die Kultur bilden, brauchen nicht hinter diesem Anspruch zurückbleiben.

Der Markt als der Sammelplatz aller Wünsche bringt die Emotionalität in den Entscheidungsprozess ein; die einzelnen Kunden oder Händler können die Komplexität der Wirkungen ihres Handels keineswegs durchschauen und wollen den daraus entstehenden Ansprüchen auch gar nicht genügen oder sie können das aus Gründen der Konkurrenz nicht tun. Der Staat, der viel Geld für Bildung ausgibt und durch seine außenpolitischen Verflechtungen auch einen weiteren Blickwinkel hat, sollte die erforderliche Rationalität beibringen. Auf die Staaten kommt nun wegen der durch den Neoliberalismus bedingten jahrelangen Vernachlässigung dieser Aufgaben viel Arbeit zu; in den letzten Jahren wurden nämlich die Preise weitgehend durch den Faktor Macht bestimmt.

Für das Militär in der Demokratie gilt das Primat der Politik. Ein Teilsystem darf weder für dominant gehalten noch isoliert betrachtet werden – das gibt sonst massive Störungen für das Gesamtsystem. Das Demokratieverständnis, das für demokratische Streitkräfte als selbstverständlich gilt, wird für die Wirtschaft nach wie vor und immer wieder geleugnet und bekämpft; kämpferische Individual- und Gruppeninteressen suchen sich auch in den Demokratien zum Schaden aller ihren Durchbruch; das macht eben die Verwandtschaft von Krieg und Wirtschaft aus. Das kooperative »fair Trade« kann am Markt stattfinden, beginnt aber im Herzen, indem Machtvorrang nicht wirtschaftlich oder politisch missbraucht wird.

Die Globalisierung der Wirtschaft und die »Interkontinentalisierung« der Waffentechnik haben die Welt zu einer Schicksalsgemeinschaft zusammengefügt – wir brauchen das nur noch zu verstehen und zu empfinden! Der Aufschrei, den der Gedanke der Privatisierung und des Verkaufs von österreichischem Trinkwasser ausgelöst hat, zeigt noch eine gewisse Sensibilität für Gerechtigkeit, zumindest wenn es uns betrifft. Für die politisch schwachen Rohstoffländer empfinden wir nicht so. Wir in Österreich und Deutschland würden schön blöd schauen, wenn irgendwelche Oligarchen unsere Wälder verkauften und sie zur radikalen Nutzung freigäben – parallele Handlungsweisen wie die Ausbeute der Öllager in anderen Ländern fallen hingegen kaum auf. Dabei führt die Diskussion um den Ausstieg der fossilen Brennstoffe in den entsprechenden Ländern möglicherweise zu einer Torschlusspanik; vor allem bei jenen, die bisher keinerlei Vorteil aus diesem Reichtum ziehen konnten.

Die Yoga-Technik ist älter als 2000 Jahre; und die damals angewandten Strategien binden uns heute in keiner Weise, wir können uns sinnvollerweise nur auf ihre hirnbezogene Betriebsanleitung berufen und sie ausprobieren. Gerade in diesem Kapitel gehe ich davon ab, die Yoga-Technik zu beschreiben, vielmehr will ich auf das eingehen, was mir in meiner innerlichen Begegnung mit dem Yoga und meiner beruflichen Auseinandersetzung mit Sicherheitspolitik ein- und aufgefallen ist. Eine Auseinandersetzung wäre mir wichtig, eine bloße Zustimmung hat keinen Wert. Yoga hat nicht die Aufgabe, ein Eintauchen in eine metaphysische Himmelssphäre zu ermöglichen, sondern vor allem einen geistigen Beitrag zum Leben und zum Überleben auf der Welt zu leisten.

Es gibt etliche Hinweise, dass das derzeitige Geschehen in der Welt mehr Probleme schafft als löst. Der Überhang der durch die Technik gestützten Produktivität über den Konsum bzw. die

Kaufkraft ist die eigentliche Ursache für die verbreitete Arbeitslosigkeit und die Schulden vieler Staaten. Und massive Arbeitslosigkeit war immerhin die mittelbare Ursache für den Zweiten Weltkrieg. Wenn der Verdacht aufkommt, dass die Kultur, in der man lebt, fehlerhaft ist, ist es gut, einen Weg zu kennen, auf dem man geistig austreten und diese Kultur aus einer anderen Perspektive betrachten kann. Erhärtet sich allerdings der Verdacht, so sollte man es aushalten, als »Nestbeschmutzer« verunglimpft zu werden.

Die von den Hippies aufgegriffene Lebensweise, bescheiden zu konsumieren ohne zu produzieren, fand keine Zustimmung der führenden Kräfte der westlichen Gesellschaften; für die »Wirtschaftskreise« war dies eine Horrorvorstellung, den »Grundwert Fleiß« zu untergraben. Es erscheint ihnen besser, wenn die Arbeitslosen unter ihrer Situation leiden, als dass sich einige Aussteiger an ihrer Freiheit freuen könnten. Für den Fall der Annahme, dass die Arbeitslosen an ihrem Schicksal selber schuld wären, ergibt sich die Frage: Warum wissen die arbeitsscheuen Individuen, in welcher Zahl sie auftreten müssen, um der Wirtschaftslage gerecht zu werden? Der jeweilige wirtschaftliche Druck ist so groß, dass selbst in dem gesellschaftlich anerkannten Bereich »Kinderbetreuung« keine entkrampfte Lösung gelingt.

Mit dem Begriff »arbeitsloses Grundgehalt« wird die Hippie-Idee heute nur von einer Minderheit vertreten. Dabei entwickelte sich diese Bewegung in den 60er-Jahren, als die technisch unterstützte Produktionskraft die Kaufkraft zu überholen begann, sodass die heutige Wirtschaftskrise vor allem eine Kaufkraft- bzw. Absatzkrise ist. Außerdem wuchs in diesen Jahren der ökologische Fußabdruck in eine zunehmende Übergröße.

Dieses situationsbedingte Lebensmodell wurde von »ganz gewöhnlichen« Jugendlichen entwickelt – ein Lebenszeichen von Sensibilität. Diese Erfindung ist wohl auch nicht das Gelbe vom Ei – ist aber immerhin ökologisch positiv und war damals auch noch sozial verträglich. Die Leistungen an die Arbeitslosen bildeten die Einkommensbasis und die Unternehmer mussten und konnten die Löhne etwas darüber hinaus anheben, sodass eine Wachstumsspirale in den Wohlstand entstand.

Der Modellversuch »Fleiß und Disziplin«, den Japan seit vielen Jahren vorlebt und der in den 70er- und 80er-Jahren hochgelobt wurde, ist von keinem sonderlich guten Erfolg gekrönt; Japan führt mit nahezu 300 Prozent Staatsverschuldung (für 2013) die Hitliste der Schuldner an; dann erst folgen Griechenland und die USA. Die Staaten der EU weisen mehrheitlich eine deutlich niedrigere Quote auf, nämlich unter 100 Prozent.

Derzeit versuchen die Staaten, die den betriebswirtschaftlichen Denkmustern verhaftet sind und es zu keiner volkswirtschaftlichen Denkweise gebracht haben, ihre Produktionsüberschüsse in den aufsteigenden Entwicklungsstaaten unterzubringen; da diese aber de facto Sklaven beschäftigen, kommen die Produkte des Gegengeschäfts unterpreisig zurück, sodass die Löhne in den entwickelten Volkswirtschaften korrumpiert, mitbestimmt und demgemäß gedrückt werden. Es entstehen zwar bei beiden Handelspartnern Unternehmensgewinne, aber Schäden der betroffenen Volkswirtschaften.

Dadurch sinken das Lohnniveau und die Binnennachfrage; die Staaten müssen sich daran anpassen und die Leistungen an ihre Arbeitslosen in die Negativspirale umpolen. Deutschland hat mit »Hartz IV« damit begonnen, nationalen Erfolg gehabt und international Schaden angerichtet. Wo Sieger sind, gibt es auch Verlierer, sogar innerhalb der EU. Die europäischen Mittelmeer-Anrainer sind Beispiele dafür.

Nachdem die moderne Wirtschaftskultur, deren Hauptfaktoren der technische Fortschritt und das Konkurrenzsystem sind, nicht einmal mit ihren eigenen Entwicklungen umgehen kann, ist kaum zu erwarten, dass sie mit den von anderen Kulturen – etwa mit der Bevölkerungszunahme der islamischen Gebiete, zurechtkommt.

Die aktuelle Wirtschaftpolitik erzeugt systematisch Arbeitslosigkeit. Eine moderne Volkswirtschaft braucht zumindest 3 Prozent jährliches Wachstum, um die Beschäftigungslage zu erhalten – das heißt, sie »rationalisiert« im Saldo Arbeitsplätze im Ausmaß von zumindest 3 Prozent weg; diese Rationalisierungsquote gilt bis jetzt – sie wird aber steigen. Diese Rationalisierungsquote kann wegen der allgemeinen Nachfragekrise durch die Wirtschaft nicht ausgeglichen werden. Der Staat muss die Lücke füllen; dafür nimmt er Schulden auf; Geld gibt es ja genug, wie der Zinssatz von 0 Prozent für Sparguthaben zeigt.

Das politische Management Europas reagierte auch nicht darauf, dass die Realwirtschaft durch die zunehmende Finanzwirtschaft erstickt wird; der weltweite Kapitalfluss dient bereits zu 92 Prozent dem Finanzkapital und nur zu 8 Prozent dem Warenverkehr.

Dabei ist der Fluss des Finanzvermögens ideologiebedingt für die Staaten steuerlich kaum nutzbar, wie das Scheitern der Verhandlungen über die Transaktionssteuern zeigt. Der Warenmarkt (Ware gegen Geld) wird mit Umsatzsteuern belastet, der Kapitalmarkt (Geld gegen Geld) hingegen nicht.

Weil der Unterschied zwischen betriebswirtschaftlichem und volkswirtschaftlichem Denken und Handeln häufig unterschätzt wird, meinen auch viele Wähler, dass erfolgreiche Betriebswirte auch gute Wirtschaftspolitiker seien, daher haben diese Leute auch gute Chancen, in die Politik hineingewählt zu werden. Das stimmt so auf keinem Fall; da aber Politiker, die auf anderen Wegen in die Macht kommen, auch keine Verständniswahrscheinlichkeit mitbringen, ist ein Gegenbeweis auch schwer zu erbringen. Verständnis für volkswirtschaftliche Prozesse muss mühsam in Praxis und Theorie erarbeitet werden.

Und auch die industrielle Produktion wird gegenüber dem arbeitsintensiven Gewerbe begünstigt, indem die Sozialabgaben nur an den Löhnen hängen und nicht am Produktionsvolumen. Die systembedingte Ausweitung der industriellen Produktion zulasten der Hand- und Kopfarbeit (etwa des Reparaturgewerbes, des Gesundheits- oder Bildungssektors) schädigt das soziale Gefüge; sie erhöht die Umweltbelastung, reduziert die Arbeitsplätze und lässt die Einnahmen in die Staatskassen und in den Pensionspool sinken. Um das zu verstehen, ist es wichtig, nicht den Geldfluss zu beobachten, sondern das Warenvolumen. Das

Produktionsvolumen sollte sich seine Kaufkraft schaffen und diese Aufgabe nicht den Staaten überlassen, die dafür Schulden aufnehmen müssen.

So sollte das Volumen des Konsums dem Volumen der Produktion angepasst sein. Nur für den Warenhandel kann das Spiel von Angebot und Nachfrage gelten; für den Umgang mit Arbeitskräften und mit der Umwelt taugt dieses System nicht. Die Wirtschaft ist die Interaktion von Produktion, Konsum und Umwelt in gegenseitiger Abhängigkeit; für sie ist der einfache Marktmechanismus nicht geeignet, weil der Mensch dadurch am Arbeitsmarkt zum Objekt wird. Menschen sollten nach Menschenrechtsstandards und nicht wie eine Handelsware behandelt werden. Sie sind Subjekte und nicht Objekte im System. Massive Einkommensverluste führen zu Kaufkraftverlusten und in einem geschlossenen System zu einer Systemstörung. Der Ersatz von Arbeitskräften durch Maschinen, was als Rationalisierung gilt, ist im vorgegebenen Tempo kontraproduktiv.

Die unterschiedliche Belastung durch Steuern bzw. Abgaben der Erwerbsarten Kapitalhandel, Industrieproduktion und Gewerbe sind sachlich nicht gerechtfertigt, sondern nur historisch erklärbar. Es gab Zeiten, da war das Kapital Mangelware und seine Entwicklung wurde staatlich gefördert; und dann gab es Zeiten des Wiederaufbaus, in denen industrielle Produktion gefragt war. Aber heute sind zur Aufrechterhaltung der sozialen Ordnung und zur sorgfältigen Pflege der geschundenen Welt Arbeitsplätze für Menschen erforderlich.

Das leichter herstellbare betriebswirtschaftliche Denken darf das volkswirtschaftliche Denken nicht ersetzen; die Summe der betriebswirtschaftlichen Funktionen ist geringer als das Volumen der Volkswirtschaft: die Betriebe wollen Arbeit »wegrationalisieren«, die Staaten haben Interesse an einem hohen Beschäftigungsgrad. Die Betriebswirtschaften besetzen nur Teilgrößen – und diese reichen nicht aus, Wohlstand und Frieden in die Zukunft hinein zu ermöglichen.

Die verbreitete Wahrnehmungsschwäche und die Ideenarmut der gesellschaftlichen Entscheidungen zeigen, dass die Sensibilität der politischen und ökonomischen Führungskräfte derzeit nicht ausreicht, die aktuelle Kultur zu managen.

Eine Kooperation von Geisteswissenschaft, Hirnforschung und Spiritualität scheint angebracht zu sein; jedenfalls kann man mit den Methoden der Gehirnforschung die Werthaltigkeit der meditativen Techniken überprüfen und je nach Nutzen fördern oder negieren.

Es bedarf vieler Ideen, damit die verschiedenen Gesellschaften miteinander in Frieden leben können. Ideologien sind Antworten auf konkrete Umstände in einer bestimmten Zeit; sie sind im Unterschied zu Weltanschauungen bloße Ideenbündel, die für das Leben des Menschen wichtige Beziehungen nicht berücksichtigen und durch ihre Nutznießer viel zu massiv verteidigt werden. Damit kommen Einsichten und Anpassungen an die inneren und äußeren Umstände, wenn überhaupt, bestenfalls mit großer Verspätung zum Tragen.

Ideologien haben es offensichtlich so an sich, dass sie letztlich gerade das erzeugen, wogegen sie ursprünglich entwickelt wurden: Das Christentum war ursprünglich gegen die Sklavenwirtschaft und brachte, nachdem es Ideologie geworden war, die Leibeigenschaft nach Mitteleuropa, wo es sie vorher nicht gab; der Kommunismus, der ursprünglich die Befreiung des Arbeiters vorhatte, verstärkte die Proletarisierung; und der Liberalismus erzeugt durch den Wettbewerb die allgemeine Unterdrückung, gegen die er ursprünglich entstand. Die Weltkonzerne vereinen in sich wirtschaftliche und politische Kraft und sind so zum Feudalismus zurückgekehrt.

Und auch der tibetische Buddhismus mutierte von der ursprünglichen Erkenntnis- und Befreiungstechnik zu einer Theokratie, in der sich die Hierarchen den gesellschaftlich wichtigen Verzicht auf Zeugung von Nachkommenschaft teuer abfinden haben lassen.

So wie die christliche Kirche des Mittelalters das Fegefeuer in ihr System einbrachte und für diesen Vorhimmel Einflussmöglichkeiten behauptete und für die »armen Seelen« Unterstützung verkaufte, entwickelten auch die buddhistischen Mönche Tibets den »Bardo«, der als Raum oder Zeit zwischen Erlösung oder Wiedergeburt eingepasst wurde; auch die Mönche behaupteten eine Einflussmöglichkeit und verkauften diese. Die Errichtung oder Erhaltung von Institutionen kostet Geld und dieses kann auch durch den Verkauf von immateriellen Gütern wie der Zukunft aufgebracht werden. Die lukrative christliche Praxis des Ablasshandels wurde durch Martin Luther gestört; die Abkehr dieser materiellen Praxis in Tibet wurde erst durch die chinesische Invasion beendet. Die Parallelität zweier ansonsten unterschiedlicher Religionen zeigt in dieser Perversion eine interessante Verwandtschaft. Nicht Ideologiegläubigkeit, sondern nur eine wache Schau kann gegen einen Teufelstrick wie den hier genannten helfen.

Die erreichten Erfolge Europas und der USA durch das hochgelobte Wirtschaftswachstum der letzten 60 Jahre spiegeln die Kurzsichtigkeit der Entscheidungsträger wider – Problemlösungen sind aber nur durch Erweiterungen des Wahrnehmungs- und Denkhorizontes möglich. Der Export-Weltmeister Deutschland etwa lagert sein Beschäftigungsproblem über den Umweg China nach Südeuropa aus, dessen Wirtschaft durch die billigen Textilimporte aus China leidet. Und wenn die Schwellenländer auch noch in anderen Sektoren technologisch konkurrenzfähig werden, wird die Lohnkonkurrenz da auch noch tragend. Auch die offiziellen Schriften, wie sie durch die Botschaften Indiens verteilt werden, freuen sich über ihre zunehmende Konkurrenzfähigkeit.

Nun kommt durch den neuen Präsidenten Amerikas ein neuer bisher nicht anerkannter Gesichtspunkt ins Spiel. Was für Betriebswirtschaften gewinnträchtig sein kann, kann sowohl für entwickelte als auch für wenig entwickelte Volkswirtschaften zur Falle werden. Die Kosten für einen Industriearbeiter belaufen sich in Deutschland auf etwa 50.000 Euro pro Jahr; in China oder in Bangladesch können mit diesem Kostenäquivalent bis zu zehn Arbeiter beschäftigt werden. Und das schädigt die Arbeitsplatzbenützer auf beiden Seiten.

Man braucht deshalb kein Trump-Anhänger werden – aber

nun vertritt auch endlich jemand aus dem wirtschaftlichen Management eine kritische Theorie. Auch clevere Manager können analytische Fähigkeiten aufweisen; Unterschiede in der Wahrnehmung im Vergleich zu sensibilitätsgestützter Verantwortung besteht allemal. Die ältere Formel, die von Leopold Kohr (1909 bis 1994) aufgestellt und die auch nicht eingehalten wurde, hieß »Global denken – regional handeln«; die Verkehrung dieses Satzes hat schon viel Reichtum, aber auch schon viel Elend gebracht.

Neben diesen internationalen Verwicklungen tun sich Volkswirtschaften schwer, wenn sie noch einen hohen Anteil an Gewerbe haben. Erst wenn sich die Löhne an chinesische Einkommen angeglichen haben, wird der Liberalismus dort sein, wo er seine ursprünglich gemeinte positive Funktion gefunden haben wird, nämlich einen Gleichgewichtszustand von Angebot und Nachfrage. Als China vor etwa 30 Jahren begann, den Weltmarkt mit billigen Textilien zu beliefern, konnten die flinksten Volkswirtschaften auf andere Produktionen, etwa Elektronik, ausweichen; für die langsameren Volkswirtschaften scheint der Zug abgefahren zu sein. Welche Produktionen können sie noch erfinden?

Nur weil die Handelswege einen weiten Umweg machen, liegt die Wahrnehmung ihrer Nebenwirkungen außerhalb des Gesichtsfeldes normaler Politiker und Bürger. Und auch die Folgen unseres Handelns, die sich in der Zukunft ereignen, sind schwer wahrnehmbar und werden weitestgehend übersehen. Das eindimensionale Denken, das nur auf niedere Konsumkosten abzielt, reicht nicht aus; die wirtschaftlichen Prozesse sind zirkulär – sie stellen sich derzeit als wenig funktionierende Kreisläufe dar.

Die Geschäfte mit Billiglohn-Ländern erzeugen zwar Gewinne, die vor allem den Unternehmen und de facto weniger den Staaten zukommen, und bilden eine negative Arbeitsplatz-Bilanz für die entwickelten Volkswirtschaften. Die Idee des TTIP (Transatlantic Trade and Investment Partnership) ist internationalistisch und läuft etwa darauf hinaus, die monetaristischen Interessen den humanistischen Idealen überzuordnen; Staaten sollen danach schadenersatzpflichtig werden, wenn sie den Schutz ihrer Bevölkerung den Interessen der Investoren voranstellen. Der »Monetarismus« hat bescheiden als finanzwirtschaftliche Theorie begonnen und ist nun dran und drauf, zu einer Weltanschauung zu mutieren.

Die Reaktion auf dieses Problem und andere Nachteile der wirtschaftlichen Globalisierung wie die Freiheit des Kapitals, das der Kontrolle der Staaten entgleitet, führt dagegen zu einer allgemeinen politischen Nationalisierung mancher Verlierergesellschaften mit auch möglicherweise negativen Auswirkungen. Darüber hinaus kommt der Wunsch vieler Nationalstaaten auf, die Durchlässigkeit der Grenzen wunschgerecht zu organisieren.

Der Neoliberalismus als derzeit noch vorherrschende Ideologie bevorzugt das Private und verachtet den Staat; diese auf Egoismus ausgerichtete Ideologie entspricht pubertierenden Jugendlichen, die ihre Eltern oder zumindest deren Ansprüche und Meinungen ablehnen – aber doch zu ihnen finden, wenn sie ihnen aus der Patsche helfen sollen.

Die Schulden, die die Staaten für den Ausgleich der wirtschaftlichen bzw. wirtschaftspolitischen Fehler aufnehmen, sind beredte Zeichen dafür und Denkzettel für die Politiker, dass sie viel zu lange an die Herrschaft des Marktes und die ihn lenkende »unsichtbare Hand« geglaubt haben. Immerhin sind drei große Wirtschaftsräume hoch verschuldet – Japan, USA und Europa. Nun ist guter Rat teuer.

Das Wohlergehen und die Freiheit in den bisher begünstigten Ländern senken zwar die Aggressionsbereitschaft der jeweiligen Menschen; weil aber der unreflektierte Genuss auch die Sensibilität minimiert, holt uns die außen entstehende Gewalt ein, die bei uns nur noch einen geringen Stellenwert einnähme.

Solange Schlauheit nicht von Weisheit überstrahlt wird, wird Gewalt als Folge der Überschreitung der Schmerzgrenze bei den Verlierern nicht aufhören. Vielleicht kann das Wissen über die Natur des Menschen eine Kulturform finden lassen, die der Natur des Menschen einigermaßen entspricht und deshalb mit weniger Gewalt auskommt.

Die oben angeführten politischen Gedanken sind nur Beispiele,

wie es besser werden könnte, erheben aber keinen Anspruch auf
Richtigkeit oder Vollständigkeit. Im Übrigen weichen sie kaum
von den Darstellungen ab, die in den Bildungssendungen der
Rundfunk- und Fernseh-Programme in Deutschland und Österreich vormittags ausgestrahlt werden; leider werden diese
Sendungen von den für die Wirtschaft verantwortlichen Persönlichkeiten, den Politikern, den Beamten und den Sozialpartnern
offensichtlich kaum gehört, weil sie zu diesen Zeiten arbeiten
müssen.

Zwar sind sowohl Gedanken als auch das Bewusstsein Aus-
flüsse der Natur des Menschen; doch gibt diese Natur den Menschen einen gewissen Freiraum. So verhalten sich Gedanken zum
Bewusstsein wie Bäume zum Wald, indem sie ihn bilden – aber
ein einziger Geistesblitz kann das Bewusstsein verändern und
andere Gedanken hervorbringen. Das ist das Thema des Yoga,
der auch Einblicke in die gesellschaftliche Dimension vermittelt.

13. Bildung als Wert und als Provokation

Wenn die Straßenbahn dem Möchte-gern-Passagier die Türe vor der Nase verschließt, fühlt sich dieser ausgeschlossen; daraus wird der Straßenbahn so mancher Fluch nachgeschickt – Ausschluss tut weh!

Im Jahr 1945 war ich 5 Jahre alt und es gab eigentlich kein Spielzeug für Kinder, manchmal irgendwelche Gebrauchsgegenstände, mit denen man spielen konnte. So fanden wir, das waren meine Brüder und ein paar etwa gleichaltrige Nachbarskinder, einen aufgeblasenen Schlauch eines Autorades, mit dem wir spielten, indem wir ihn abwechselnd vor uns hertrieben. Einer von uns, er war als Flüchtling ein bisschen ein Außenseiter, fühlte sich bei dem Spiel als zu kurz gekommen und hatte damit auch wahrscheinlich recht. Er zerschnitt in einem unbeobachteten Augenblick den Reifen. Die volle Teilnahme am Spiel, die für ihn nicht möglich war, sollten wir anderen auch nicht haben. Dafür haben wir ihn verprügelt – aber der Reifen war ersatzlos kaputt.

Opfer sind gewöhnlich sensibler als Täter und überreagieren häufig, wenn sie können; deshalb ist es für Mächtige mit Friedenswillen so wichtig, eine starke Sensibilität zu entwickeln; Mitgefühl ist die Hebamme aller Ethik.

Die Geschichte vom Reifen kommt mir in den Sinn, wenn ich von den Zerstörungs- und Tötungsaktionen der islamischen Terroristen höre, die von der freien Welt als so unverständlich eingestuft werden: Es ist der Hass derer, die nicht mitspielen können, jedenfalls nicht auf Augenhöhe.

Das Sprichwort »Wer versteht, der verzeiht« leistet in diesem Zusammenhang einen schlechten Dienst, denn es tut nicht not, diese Gräueltaten zu verzeihen. Aber die Gefahr, sie verzeihen zu »müssen, wenn man sie versteht, hält uns von einem notwendigen Verständnis ab.

Die Aufgabe der Psychologen und Soziologen und eigentlich auch der Religionen ist, Menschen in ihren vielfältigen Handlungsmöglichkeiten zu verstehen. Das bedeutet nicht, ihre kriminellen Taten zu entschuldigen, und erst recht nicht sie zu rechtfertigen; es bleiben kriminelle Handlungen. Die Statistiken zeigen allerdings, dass massive soziale Ungleichgewichte positiv mit den Kriminalitätsquoten korrelieren: Die Staaten mit der geringsten Ungleichverteilung der Einkommen wie Dänemark und Japan weisen auch die geringste Kriminalität auf. Es ist ja nicht gerade eine Neuigkeit, dass Menschen, die sich benachteiligt fühlen, revolutionär oder kriminell werden; dass sie im Fall des islamischen Aufstandes beides zugleich werden und dass sie im Schutz ihrer Religion auch ihr Leben zu opfern bereit sind, ist nun auch unser Problem geworden.

Im Yoga heißt es, man könne die Welt nicht verändern, man könne nur sich selbst verändern. Versucht man nun, die Terroristen zu verstehen, wird man vielleicht eigene Schuldanteile finden, oder Ursachen, die das christliche Abendland gesetzt hat. Nicht nur die Straßenbahn, die einem davongefahren ist, kann Wut auslösen, sondern auch ein Lebensstil, der von der privilegierten Leitkultur gelebt wird und an dem der Rest der Welt nicht teilhaben kann und wohl auch nicht teilhaben wird können.

Natürlich ist uns das Mädchen Malala aus Pakistan, das fest an die westliche Bildung glaubt, lieb und wert; ihr gebührt auch der persönliche Aufstieg mit dem Nobelpreis. Aber Bildung ohne eine ausreichende soziale Komponente ist nicht sehr viel wert. Die Terroristen aus dem Orient und aus Nordafrika sind uns aus gutem Grund unsympathisch, weil sie den Ausstieg aus ihrem Elend nicht in der Bildung sehen, sondern zumindest vorläufig einmal durch Raub und Mord. Wenn sie es vielleicht auch nicht wissen – so fühlen sie es zumindest, dass der westliche Lebensstil aus politischen und ökologischen Gründen nicht für alle Menschen erreichbar ist; und sie merken, dass der moderne Lebensstil ihre Kultur zerstört, ohne ihnen die Hoffnung zu geben, am Fortschritt teilnehmen zu können.

Dabei geht es nicht nur um den Wunsch nach materiellen Gütern, sondern auch um Verbrechen aus beleidigtem Stolz, also aus Kränkung. Viele der Terroristen sind zu wenig gebildet, als dass sie sich in das westliche Wirtschaftsdenken hineindisziplinieren ließen; wenn die Intelligenz nicht »denaturiert« ist, tritt die Frage nach dem »Warum« häufig auf; Eltern von kleinen Kindern erfahren das oft leidvoll.

Gewöhnliche Leute lassen sich durch die Antwort »darum«, wie sie von Eltern oft verwendet wird, um sich der Mühe einer Beantwortung zu entziehen, ins gewöhnliche Denksystem hineinzwingen und stellen auf die kulturerhaltende »Wie-Frage« um. Die »Warum-Frage« kann aber auch späterhin Ärger auslösen: Eine in Lateinamerika wirkende Nonne erzählte, dass sie und ihre Mitschwestern von den Armen für ihre Hilfe als Heilige verehrt würden. Aber wenn sie fragten, »warum« es arme Leute gäbe, würden sie von den Regierungen als Kommunisten verfolgt.

Bei Wissenschaftlern etwa ist der Versuch, sie zu »normalisieren«, gescheitert; und sie bleiben der natürlichen »Warum-Frage« treu. Aber auch bei Menschen mit geringer Bildung und aktiver Intelligenz kann die »Warum-Frage« weiterbrennen und diese kreiert neue Antworten, die dann eben nicht kulturkonform sind.

Wir Europäer brauchen uns nicht zu wundern, dass wir außerhalb unseres Kulturraumes anderen Kulturen begegnen; wir sollten doch aber auch versuchen, die Kulturüberschreitungen innerhalb des islamischen Kulturraumes zu verstehen.

Im islamischen Raum funktioniert der Karottentrick, wie er von den Hirten angewendet wird, für eine gesellschaftliche Lösung offensichtlich nicht mehr. Man kann nur für eine kurze Zeit die Hoffnung einsetzen, auf die Dauer funktioniert das nicht. Der Hirte hält dem Leithammel eine Karotte vor die Nase und bringt ihn so zum Gehen; und mit ihm bewegt sich die ganze Herde. Durch die westliche Wirtschaftspraxis werden auch die Führungskräfte der entsprechenden Staaten geködert; aber bei den Menschen aus dem Volk kommen die Erträge nicht entsprechend an und der Trick funktioniert bei den Armen in reichen Ländern nicht mehr so richtig. Sie können ihre Hoffnung auf Auswanderung setzen, in die Kriminalität oder in ein politisches Engagement ausweichen; Kombinationen sind möglich.

Der Karottentrick ist eine verzerrte Variante des Leistungsprinzips; wirksam ist er nur, wenn die Erfolgsaussichten breit gestreut sind wie beim Lotto. Wenn auch nur einer gewinnt, so rechnen sich doch viele Menschen Chancen auf einen Gewinn aus und sind für eine kapitaldominierte Gesellschaftsordnung zu begeistern oder stimmen ihr zumindest zu. Wer aber merkt, dass die Durchlässigkeit von der Armut in den Wohlstand für ihn nicht gegeben ist, kann auch resignieren.

Jemandem, der betriebswirtschaftlich sehr erfolgreich ist und sich um ein politisches Amt bewirbt, geben viele Wähler einen Vertrauensvorschuss. Diese Wähler vermuten großes wirtschaftliches Verständnis; sie wissen aber nicht, ob dieser »Genießer der Karotte« ihnen helfen wird können oder wollen, oder ob er das angestrebte politische Amt nur zur eigenen Machtvermehrung einsetzen will. Gemeinhin wird der Unterschied zwischen Betriebs- und Volkswirtschaft unterschätzt: Der Betriebswirt sucht innerhalb der realrechtlichen Ordnung wirtschaftliche Erfolge zu erzielen; der Volkswirt hingegen sollte versuchen, mithilfe der Rechtsordnung eine friedenstaugliche Gesellschaftsordnung zu verwirklichen. Mängel in der realen Friedenstauglichkeit lassen sich nur eher kurzfristig mit Militär- und Polizeigewalt ausgleichen. Der aktuelle Wahlkampf in den USA vermittelt beispielsweise das Bild dieses gesellschaftlichen Prozesses, indem sich soziale Ansprüche in die harte Wirtschaftskonkurrenz hineindrängen.

Das Scheitern der Wirtschaften im Orient führte am Beginn unseres Jahrhunderts zu Demonstrationen, in Nordafrika zu Revolutionen und in Syrien zum Bürgerkrieg; grobe Ungleichverteilungen schaffen Probleme.

Im christlichen Abendland hält man zwar nicht allzu viel vom islamischen Wertesystem; aber der Verlust der Tugend, sich mit seinen Bedürfnissen nach materiellen Gütern nach der Decke zu strecken, rührt an unsere Interessen. So können sich die Muslime zumindest als Terroristen den Wunschtraum erfüllen, ein Auto zu fahren, ein Satelliten-Telefon zu besitzen und einen Internetzugang zu haben, um sich im weltlichen Paradies der Christen umschauen zu können. So können sie ihre Wut am Kochen halten und sich für das empfundene Unrecht rächen. Der Aufstiegshilfe Bildung bringen diese Leute teilweise auch Ablehnung entgegen, weil sie erkennen, dass Bildung ein Baustein für die Herrschaftsmacht des Westens ist.

Da die Rache einen leicht zu erreichenden Erfolg ermöglicht, nämlich ihr die Schädigung des Gegners genügt, hat sie bei primitiven Gemütern einen Konkurrenzvorteil; wem es nur um Erfolg und um Sieg geht, mag sich damit zufrieden geben. Aber bloßer Erfolg ist für sich allein nicht glücksschaffend, wie es die zweifelhaften Erfolge westlicher Wirtschaftspolitik offenbaren. Nach der Natur des Menschen sind Kooperation und Kreativität als Aspekte der menschlichen Urnatur eher geeignet, Lebensglück zu schaffen.

Dass die Boko-Haram-Bewegung in Nordafrika nicht differenzierter wahrnimmt, wogegen sie kämpft und das Buch – und mit ihm die westliche Bildung – als Sünde bezeichnet (die Übersetzung von »Boko Haram«) ist zwar traurig, aber weiter nicht verwunderlich, denn im aufgeklärten Westen ist die Fähigkeit, zu differenzieren, auch nicht sonderlich ausgeprägt.

Bei uns wird auch nur danach entschieden, ob ein Prozess gewinnträchtig ist oder nicht; wir berücksichtigen die Interessen des großen Restes der Welt und insbesondere die Interessen zukünftiger Generationen eigentlich gar nicht. Als faktische Führungsmacht der Welt werden wir uns als euro-amerikanische Leitkultur mit der Zeit bequemen müssen, auch an die Interessen der großen Mehrheit der Menschen zu denken; Anhänger der islamischen Kultur haben jedenfalls schon damit begonnen, uns an diese Aufgabe zu erinnern.

14. Kampf oder Flucht

Der Krieg mit Waffen hat immerhin den »Vorteil«, dass er seine Opfer zu einem großen Teil in die Natur entsorgt; der Wirtschaftskrieg hingegen hat den »Nachteil«, dass er seine Opfer vorerst überleben lässt. Im Wirtschaftskrieg Europas gegen die Länder südlich und östlich des Mittelmeeres hat die höhere Kultur gewonnen und die Unterlegenen haben sich als »Kulturfolger« auf die Reise in die Siegerstaaten aufgemacht. Das mag nun zynisch klingen, aber ein weniger trauriger Kommentar zur Flüchtlingskrise wird kaum zu finden sein.

Als in den Ländern am südlichen und östlichen Mittelmeer der Arabische Frühling ausgebrochen »war, nahmen das die Europäer noch mit Wohlgefühl zur Kenntnis – endlich erheben sich die unterdrückten Menschen gegen ihre Tyrannen. Der tiefere Grund für die Revolutionen war aber, dass ihre Gesellschaftssysteme gescheitert waren. Sie sind im Wirtschaftskrieg, der von den industrialisierten Staaten gegen sie geführt wird, unterlegen. Die moderne industrialisierte Wirtschaft hält sich zugute, so stark zu sein und es wird auf »Teufel komm raus« Wirtschaft gemacht – und das sowohl auf der Einkaufsfront, um Rohstoffe zu bekommen, als auch auf der Verkaufsfront, um auf den Märkten die entsprechenden Industrieprodukte abzusetzen. Das erzeugt soziale Verwerfungen. Und als dritte Front kommt die Klimaerwärmung dazu, die große Ernteverluste auslöst.

Der Kaffeebauer, der nur den Mindestpreis für sein Produkt bekommt, kann sich keinen Messingkrug mehr leisten; er muss auf billigere industriell gefertigte Aluminiumprodukte ausweichen; der traditionelle Kupferschmied wird arbeitslos und kann nicht so schnell auf einen Computeringenieur umgeschult werden. Aber auch die Staaten, denen Allah das Öl geschenkt hat, tun sich schwer im Handel mit dem Westen: Auch da leidet die Beschäftigungsstruktur. Und die Beschäftigungsstruktur ist für das soziale Zusammenleben wichtiger als die Geldschwemme, die als Ergebnis der Ölgeschäfte ins Land kommt. Der Westen gibt das Tempo des Wandels vor! Auch andere Volkswirtschaften, die nicht schnell genug »rationalisierten«, also Handarbeit und Gewerbe in Maschinenarbeit umstrukturierten, wie die nördlichen Anrainerstaaten des Mittelmeeres, ereilte die Krise.

Der Nachteil, dem Konkurrenzsystem, das die westliche Kultur installiert hat, nicht gewachsen zu sein, und die dem gemäße Zivilisation, die die Menschen auf der Welt wie eine Zwangsjacke beherrscht und lähmt, betrifft auch den Orientalen sowohl in seiner Heimat als auch auf seiner Flucht – auch in Europa gibt es für ihn kaum Arbeit.

Der ältere Bruder, die ältere Schwester sind ein bisschen stärker und ein bisschen schlauer und sie werden diesen Konkurrenzvorteil möglicherweise nutzen, um ihre jüngeren Geschwister zu beherrschen und zu übervorteilen. Da tritt die leidige Aufgabe der Eltern auf, den Älteren einzureden, sie mögen doch gescheiter sein und ihre Geschwister nicht austricksen, sondern als Ältere ihre Verantwortung ihnen gegenüber übernehmen. Damit würde das Familienleben besser funktionieren. Dieser Anspruch nervt die Betroffenen wegen ihrer mangelnden Reife oder wegen der Ungeschicklichkeiten der Eltern und ihrer Überforderung oft sehr; die Folge eines Misserfolges ist Resignation oder Egoismus.

Etwas ziemlich Ähnliches spielt sich im sozialen Zusammenleben der Völker ab – aber wer spielt die Rolle geschickter Eltern und ist weise genug, die Konkurrenz zu reduzieren und in ein System der Kooperation zu wandeln? In Konkurrenz zu leben ist neben anderen Verhaltensmustern natürlich; leider wird es in unserer Kultur für ein Wundermittel gehalten, was es keinesfalls ist.

Im Zusammenleben der Menschen ist es ziemlich normal, dass der eine stärker oder schlauer ist als der andere – es findet in 50 Prozent aller Begegnungen statt. Diese 50-Prozent-Chance zu nützen, entspricht dem Konkurrenzsystem. Wenn es aber vorkommt, dass der Schlauere so weise ist, dass er dem andern hilft, erzeugt sein Verhalten die Qualität der Gesellschaft. Im Spektrum der Yogatheorie kommt Konkurrenz nicht vor; in der Praxis schließt der Yogaweg Geschäftsfähigkeit aber nicht aus.

Mein Guru zeigte seine Geschäftsfähigkeit durchaus durch die Gründung und Führung seiner Schule.

Ein Problem zeigt sich allerdings, wenn die größere Stärke zum Schaden anderer und zum Missbrauch der Welt genützt wird. Und wie lächerlich schwach die derzeitige wirtschaftliche Stärke ist, zeigt sich immer wieder. Als die Amerikaner das Embargo gegen den Iran aufhoben, lauerten viele »potente« Unternehmungen der Welt auf die Öffnung wie hungrige Löwen auf einen Überlebenshappen.

Wir Europäer als die hochentwickelten Konkurrenzgewinner haben das Buffet schon zur Hälfte weggefrühstückt und raten den vielen nachkommenden Gästen, doch das Gleiche zu tun. Das ist allerdings bezüglich des Wirts – der Wirt ist unsere gemeinsame Welt – eine provokante Empfehlung; denn sie, unsere Welt, wird das nicht bieten können. Zumindest ab morgen früh sollten wir uns eine verantwortungsvollere Handlungsweise einfallen lassen und nicht wie bisher als zusätzliches Treibmittel für die Fluchtbewegungen wirken. Das wird notwendig sein, wenn wir weder unseren Wohnraum mit den Flüchtlingen teilen noch sie dem Tod überantworten wollen.

Die Niederlage der gescheiterten Staaten entsteht aus deren Versagen, unserer Stärke nicht gewachsen zu sein – und unserer Blindheit, den Zusammenhang und die Nebenwirkungen zu sehen. Als gescheitert wird sich jedenfalls eine Gesellschaft dann empfinden, wenn es ihr nicht gelingt, einer großen Zahl junger Männer ein Einkommen und damit die Gründung einer Familie zu ermöglichen.

Das Denkmodell des Neoliberalismus besteht in der geistigen Loslösung der Wirtschaft aus dem allgemeinen Zusammenhang und der weiteren Reduktion der Vielfalt auf das einfache Modell von Angebot und Nachfrage; dieser reduzierte Ansatz auf zwei Faktoren genügt einigermaßen im kleinwirtschaftlichen Bereich und funktioniert auch, wenn die Handelspartner ziemlich gleich stark sind. Es ist aber nicht hinreichend für die Gestaltung eines friedenstauglichen Weltwirtschaftssystems. Ein weniger aggressiver Umgang der Handelspartner untereinander scheint heute wegen der Anonymisierung utopisch zu sein; vor ein paar Jahren wurden die sanfteren Grundsätze »leben und leben lassen« und »wir werden keinen Richter brauchen« nicht nur ausgesprochen, sondern zumindest national häufig auch befolgt.

Die einfachere neoliberale Denkvariante kommt allerdings bei einfältigen Akteuren und Zuschauern gut an. Es ist so, als würde man für die Lösung komplexer mathematischer oder technischer Probleme auf die vier Grundrechnungsarten verweisen und so die Wirtschaft aus ihrer Verantwortung für gesellschaftliche Entwicklungen befreien können.

Im Sport, für dessen wettbewerbstaugliche Systembildung man offensichtlich mehr Denkaufwand betrieben hat, lässt man sich nicht ein auf das Zusammenwirken nur zweier Faktoren, sondern bildet die Komplexität der Lebenswirklichkeit differenzierter ab. Außerdem müssen die Verlierer nicht für die Gewinne der Sieger aufkommen. Würde man beim Boxen die Gegnerschaft nicht durch Gewichtsklassen trennen, so hätte man das gleiche, was die Menschen in der langen Geschichte der Eroberungskriege erlebt und erlitten haben – und was heute mit dem neoliberalen Wirtschaftsmodell wieder modern geworden ist.

Die moderne Wirtschaft ist die Fortsetzung des Beutekrieges mit vorgeblich friedlichen Mitteln. Daraus ergibt sich, dass die Denkgewohnheit, Militär mit Krieg und Wirtschaft mit Frieden zu assoziieren, gefährlich ist; das führt in die Falle, der Wirtschaft einen zu großen Spielraum für »ihre Handlungen zu geben. Vielmehr wäre darauf zu achten, wer von beiden offensiv oder defensiv ist. Die Streitkräfte der Staaten der EU sind regelmäßig defensiv; die Streitkräfte der USA spielen insofern eine Doppelstrategie, als sie durch ihre Verteidigungsdoktrin nicht nur ihr Territorium verteidigen sollen, sondern auch die weltweiten Interessen der USA.

Und das ist insbesondere deshalb so bedauerlich, als es nach dem Zweiten Weltkrieg in Westeuropa schon eine tauglichere Wirtschaftsform gab: nämlich die soziale Marktwirtschaft als Lernerfolg aus den Umständen, die zu diesem Krieg geführt hatten. Statt diese Erfahrung in das Weltwirtschaftssystem einzubringen und um die ökologische Dimension zu erweitern, wurde mit dem Globalisierungsschub nach dem Zusammenbruch der Sowjetunion das System simplifiziert – und es ist der alte Zustand – der Kampf aller gegen alle – zurückgekommen. Das ist so traurig und macht uns so hilflos und sollte doch ein Denkimpuls sein!

Diesen Text habe ich dem Chefredakteur einer der katholischen Kirche nahestehenden österreichischen Zeitung übersandt; er hat ihn aber nicht haben wollen.

Dabei habe ich nur eins von zwei Tabuthemen berührt. Zumindest eine Dimension der gegenwärtigen »Völkerwanderung« wird regelmäßig außer Acht gelassen: Das Konkurrenzsystem der modernen Wirtschaft bringt nicht nur Sieger hervor, sondern erzeugt auch Verlierer – dazu gehören auch etliche Volkswirtschaften im islamischen Raum, deren Menschen nun entweder als Terroristen oder als Flüchtlinge auftreten. Ein Scheitern der Gesellschaft wird häufig auch als Angriff auf die Ehre empfunden und wird dann nicht so leicht weggesteckt und kann Hass- und Rachegefühle erzeugen.

Das andere Tabu-Thema vertraue ich vorläufig nur Intellektuellen an und mute es normalen Lesern nicht zu; zwei Schocks in einem Artikel könnten für die Allerwelts-Menschen zu viel sein; Lesern von Sachbüchern ist mehr zumutbar.

Dass die derzeitige Lage nicht allein dem Islam zugeschrieben werden sollte, sondern der Tatsache gescheiterter Wirtschaften, zeigt das Beispiel Hitler-Deutschland, das der Handlungsweise »des IS (des sich selbst »Islamischer Staat« nennenden Gebildes) sehr nahekam. Der Grund für die Aggression ist das Scheitern, als Treibsatz diente in Deutschland der Nationalismus, im islamischen Raum die Religion. Andere Ideologien als Treibsätze wird es auch noch geben; sie sind austauschbar. Einem katholischen Zeitungsleser und seinem Chefredakteur wollte ich diese zweite Einsicht nicht zumuten; es ist ja tatsächlich angenehmer, die Schuld nur dem Islam zuzuweisen.

Von den Experten, die kurzsichtig genug sind, um die Zukunft nicht zu sehen, wird natürlich behauptet, die jeweilige Entwicklung wäre nicht voraussehbar gewesen. Es gibt allerdings ein Beispiel dafür, dass nicht die Zukunft unsichtbar war, sondern nur die Experten blind. Der junge John Meinhard Keynes, der Angehöriger der Friedenskonferenz in St. Germain bei Paris »und Teilnehmer der britischen Delegation bei den Friedensverhandlungen nach dem Ersten Weltkrieg gegen Deutschland war und später als Wirtschaftswissenschaftler bekannt geworden ist, verließ die Verhandlungen vorzeitig, weil er die kriegserzeugende Wirkung der Knebelverträge gegen Deutschland erkannt hatte.

Das Problem mangelnder Verantwortung ist allerdings alt – alt genug, um schon im Alten Testament der Bibel beschrieben worden zu sein. Als Kain den Abel erschlagen hatte, fragte ihn Gott um seinen Bruder. Kain antwortete: »Ich bin nicht der Hüter meines Bruders.« Und da wird es aktuell, weil der Kampf zwischen den und innerhalb der Volkswirtschaften ziemlich brutal ausgetragen wird. Das Beispiel der Bibel ist wahrscheinlich von gesellschaftlicher Relevanz, weil es häufig zwischen Ackerbauern und Hirten zu Konflikten kam, wenn zum Beispiel die Weidetiere die Äcker kahlfraßen. Aktuell ist der Konflikt zwischen Gewerbe und Industrie; die Industrie schädigt das Gewerbe und führt zur Reduktion der Arbeitsplätze. Die Staaten als Verwalter der gesellschaftlichen Organisation lassen das Problem laufen und bringen es so zu keinen gesellschaftlich vertretbaren Lösungen.

Die systemische Zerstörung von Volkswirtschaften zu erkennen, braucht eine gewisse Abstraktionsfähigkeit – sie ist nicht so leicht zu erkennen wie ein einfacher Mord. Wie ich im Text zumindest plausibel zu zeigen versuche, kann ein Paradies nur gemeinschaftlich – also brüderlich – hergestellt werden. Ein Paradies nur für Europa und »zulasten anderer ist auf Dauer nicht zu halten. Die Abschaffung des Beutekrieges ohne auch der Wirtschaft die Aggression zu verunmöglichen, ist auf dem Weg zum Frieden ein entscheidender Schritt zu wenig. Sowohl das Öffnen der Tore Europas als auch ihr Zusperren werden ein Scheitern der Friedenspolitik Europas zeigen – und es wird zeigen, dass die neoliberale Wirtschaft an sich nicht friedenstauglich ist.

Eine militärische Aktion gegen den »Islamischen Staat« und gegen seine Expansion wäre wohl ethisch und auch völkerrechtlich zu rechtfertigen; doch die USA fühlen sich durch ihn nicht in ihren wirtschaftlichen Interessen verletzt und die Europäer haben keine Lust zu kämpfen; jedenfalls trauen sich die europäischen Staaten nicht, gegen den Willen vieler Wähler ihre Soldaten in einen solchen Krieg zu schicken.

Ein Krieg der westlichen Staaten gegen Syrien entbehrte von Anfang an einer klaren Rechtfertigung; der offizielle Staat wehrte sich gegen eine Revolution. Und der Krieg im Irak ist das Ergebnis des gescheiterten Versuchs der USA, unter einem falschen Vorwand in einem Ölstaat einen wirtschaftlichen Nachfrageimpuls für die US-Wirtschaft zu setzen, der mit Rohstofflieferungen bezahlt hätte werden sollen. Die völkerrechtlich gesicherte Genfer Flüchtlingskonvention unterscheidet zwischen verfolgten und hungernden Menschen, das hilft aber bei der Lösung des Dilemmas wenig. Es ist absurd, dass aus einer Not heraus erst ein Krieg erzeugt werden muss, damit die Flüchtlingskonvention greift.

Aufgrund der Lage ergeben sich nun folgende Möglichkeiten oder eine Kombination davon:

Europa gibt den Flüchtlingen Unterhalt in der Nähe ihrer Heimatländer; das betrifft eine sehr große Zahl; pro Person kommt der Unterhalt aber viel billiger als bei einer Aufnahme in Europa. Die UNO zahlte für die Flüchtlinge in den heimatnahen Lagern bis zum Sommer 2015 1 $ pro Tag; sie reduzierte dann allerdings wegen Geldmangel die Quote auf die Hälfte und das erst löste den Marsch der Massen nach Europa aus.

Vor etwa 40 Jahren war jedem an gesellschaftlichen Fragen interessierten Westeuropäer klar, dass große Unterschiede des Lebensstandards Konflikte auslösen können. Nun befindet sich Europa in einer für viele Völker attraktiven Zone und steht vor der Frage, welche Möglichkeiten es gibt.

- Europa lässt die Flüchtlinge auf ihr Territorium; das ist auch mit hohen Kosten verbunden und schafft interne Probleme.

Deutschland und Österreich zahlen für einen Flüchtling bis zu
25 $ pro Tag; dazu kommen die Manipulationskosten.

- Europa wehrt die Flüchtlinge ab; das wird mit bloß admi-
nistrativen Maßnahmen nicht gehen, sondern muss durch militärische Sicherung erzwungen werden. Diese Variante führt
zu einem schwerwiegenden ethischen und menschenrechtlichen
Problem und würde einem passiven Völkermord gleichkommen,
indem man zwar die Menschen nicht erschießt, sie aber doch dem
Hungertod überantwortet.

Die europäischen Staaten spielen ein humanistisch gesehen
fragwürdiges »Schwarzer-Peter-Spiel«, indem sie jeweils einen
anderen dazu bringen wollen, wirksam gegen den Flüchtlings-
strom einzuschreiten oder die Flüchtlinge aufzunehmen. Nach
der Mikado-Regel hat allerdings der verloren, der sich als Erster
rührt. Wer sich zu einer militärische Sperre der Grenzen bewegen ließe – er hätte die Kritik der friedensverwöhnten und
menschenrechtsgewohnten Europäer gegen sich. Staaten, die sich
zur Aufnahme bekennen, können dies nur gegen eine bedeutende
Opposition tun.

Gesellschaftliche Prozesse zu erkennen, bedarf einer gewissen
Abstraktionsfähigkeit. Geübt wird Abstraktion in der Mathema-
tik, in der Spiritualität und in der Kunst; Abstraktionsfähigkeit
ist ein wesentlicher Bestandteil der Intellektualität. Am Anfang
der Fluchtbewegung verbot Italien, die Flüchtlinge aus der See-
not zu retten – darüber empörte sich Europa. Jetzt werden die
gefährdeten Flüchtlinge gerettet – und auch das findet seine Kri-
tiker. Was soll, darf oder muss Europa tun?

Die in Europa entwickelte Humanität wird durch die Not, die
in manchen Nachbarländern entstanden ist, angesprochen und
beansprucht. Wie weit nun eine Erweiterung des Humanitätsrau-
mes zugelassen oder durch »Sachzwänge« eingeschränkt wird, ist
derzeit noch offen; materielle, ideelle und ideologische Aspekte
sind im Streit miteinander. Jedenfalls wird das Humanitätsniveau
für Europa vom Humanitätsniveau, das Europa für die notlei-
denden Menschen rund um uns ermöglicht, mitbestimmt.

15. Zusammenschau

Der Yoga ist eine indische Kulturtechnik, die zwar auf der notwendigen Einschulung durch einen Lehrer oder Guru gründet, aber auf die Problemlösung aus eigener Kraft baut. Ziel ist, sein eigener Guru zu werden. Es entstehen natürlich nicht nur im Kampf posttraumatische Nöte, von denen am Anfang des Buches die Rede war; das menschliche Leben, das so unfertig mit der Geburt seinen Lauf nimmt, ist schon während des Aufwachsens vielen äußeren Einwirkungen ausgesetzt, die durchaus nicht immer ideal sind.

Die Erziehung und die Umwelt können Kollateralschäden erzeugen – größere oder kleinere. Selbst wenn sich Eltern und Lehrer redlich bemühen – sie sind selten perfekte Erzieher. Außerdem genügt es nicht, ihre Beziehung zu den Kindern angenehm und vertrauensvoll zu gestalten, sie müssen auch die Beziehung der Kinder zur Welt, die durch unsere Zivilisation dominiert wird, einleiten. Und diese scheint nicht nur trotz des hohen Lebensstandards, sondern gerade wegen dieses nicht gerade ideal zu sein. Zwar wollen die meisten Großmütter, dass es ihren Enkeln besser ginge als sie es hatten; aber vielleicht 50 Prozent der Jugendlichen rechnen nicht damit, mehr Chancen im Leben zu haben und eine Pension zu bekommen; und auch immer weniger Bürger gehen zu den Wahlen. Wo ist der Optimismus hin, der die Entwicklung nach 1945 getragen hatte?

Der Herangewachsene kann mit dem, was er geworden ist – mit seinem »Ich« also, zufrieden sein, sich damit abfinden oder sich auch Verbesserungen wünschen. Für den, der nicht nur bei anderen die Schuld vermutet, die die Erschwernisse für sein Leben verursacht haben, gibt es verschiedene Wege – Yoga ist einer davon.

Yoga verweist auf die Fülle von Möglichkeiten, die dem Menschen grundsätzlich – nämlich als Urnatur – zur Verfügung stehen, die aber aus verschiedenen Gründen nicht in seine Persönlichkeit eingeflossen sind.

Weil die psychische Lage derer, die mit der Yoga-Praxis begonnen haben, sehr verschieden ist, lassen sich ihre Erfolge nicht in Jahren messen; der eine wird für den gleichen Erfolg länger brauchen als einer, der eine bessere Ausgangsposition gehabt hat. Manche Menschen haben auch ohne Yoga eine höhere Entwicklung als so mancher, der sich eifrig müht. Wir wollen natürlich den Nutzen des Yoga einschätzen – dafür eignen sich Längsschnittbeobachtungen besser als Quervergleiche.

In unserer Zivilisation gibt es viermal so viele Frauen wie Männer, die die Chance des Yoga zu nützen suchen. Frauen sind von klein auf gewöhnt, den Spiegel danach zu befragen, wie sie sich den Mitmenschen gegenüber darstellen. Bleibt das nur an der Oberfläche, ist es Eitelkeit – schließt es aber das Wesen ein, ist es Ausdruck von sozialer Intelligenz und von Verantwortungsgefühl. Ist mein Verhalten geeignet, sowohl meinen Bedürfnissen als auch den gesellschaftlichen Notwendigkeiten zu entsprechen? Für eine positive Antwort wird der Satz verwendet: »Ich kann in den Spiegel schauen!« Es gehört etwas Mut dazu, die Frage zu stellen, und wahrscheinlich auch etwas Kraft, sie zu beantworten. Dabei geht es natürlich nicht darum, sich an die Fremdbeurteilung anzupassen, sondern sein »Ich« und sein »Selbst« – sein Eigenwesen also – in Harmonie zu bringen.

Männer und die von ihnen dominierten Gesellschaften scheinen weniger von dieser Skepsis und von Unsicherheiten berührt zu sein und sie pflegen fröhlicheren Umgang mit Dogmen; das gemeinsame Auftreten von Männerdominanz und Fundamentalismus führt zu dieser Vermutung. Aber nicht nur das Empfinden eines eigenen Defizits, sondern auch die Wahrnehmung von Defiziten in unserer Zivilisation kann uns dazu bringen, uns auf den Yogapfad zu begeben.

Frauen beziehen sich häufig auf sich und ein engeres soziales Umfeld; Männer legen ihr Interesse eher auf große gesellschaftliche Dimensionen, die sie dann mehr oder weniger gut verstehen. Solange nun Männer weniger oft zu tief strukturierter Erkenntnis streben, kann man vermuten, dass eine entsprechende Wahrnehmung der Gefährdung menschlichen Lebens auf der Welt noch kaum stattgefunden hat. Die mangelnden Antworten auf Sozial-, Wirtschafts- und Klimakrisen lassen auf das Fehlen entsprechender Fragen schließen. Eine der fälligen Fragen wird sein: »Warum haben wir bei so hoher wirtschaftlicher Dimension so eine geringe Lösungskompetenz für gesellschaftliche Probleme?«

In Indien, wo die Yogakultur verankert ist, gibt es eine Minderheit von einigen Prozent, vielleicht einige Millionen, von Yogis (männliche Form) und in der Öffentlichkeit sicher weniger Yoginis (weibliche Form) – viele gute und viele schlechte und eine gewisse Zahl von hervorragenden. Ein Teil von ihnen lebt deklariert, indem sie orangefarbene Kleidung tragen oder sich durch ihren Wohnstil in Ashrams, das sind klosterähnliche Einrichtungen, in Waldhütten oder Höhlen darstellen; und es gibt viele, die unauffällig leben, und sich äußerlich nicht von den Leuten ihrer Umgebung unterscheiden.

Gute Yogis erkennt man an ihrem Charisma oder daran, dass unter ihrer Anleitung tiefe Meditationen gelingen. Ein Guru ist ein persönlicher Lehrer; mein Meister bewunderte seinen Guru, weil dieser fünf seiner Schüler zur Erleuchtung geführt, er aber nur einmal eine Erleuchtung vermittelt habe.

Yoga ist ein Teil des Hinduismus, aber in ihm nur so weit vorhanden wie die Intellektualität im christlichen oder aufgeklärten Abendland – die Kriterien für Intellektualität sind allerdings verschieden.

Um nur einen kurzen Blick auf die Szene zu vermitteln: Als meine Frau und ich in den 70er- und 80er-Jahren in Rishikesh in unserer Yogaschule waren, gab es folgendes Umfeld. Rishikesh ist eine Stadt an der Ganga (in Indien ist sie weiblich), die durch ihre geografische und klimatische Lage eine von mehreren Sammelstellen für Yogis darstellt. Die Ganga beendet hier den Durchfluss durch das Himalaya-Gebirge und erreicht die große Ebene. Rishikesh hatte damals 40.000 Einwohner – und davon waren 10.000 »Saints und Sages« (Heilige und Weise), wie sich die Inder ausdrückten. Einige deklarierten sich durch eine orangefarbene Kleidung als Yogis, andere wollten dadurch am Wohlwollen der Inder an diesem Kulturaspekt offensichtlich nur partizipieren. Das Risiko, wen man zu seinem Guru wählt, von wem man ein gebrauchtes Auto kauft oder von wem man sich politisch vertreten lässt, scheint so verschieden nicht zu sein; Informationen von anderen und Sensibilität sind für die Wahl entscheidend.

Die Freiheit des Yoga in Indien ist einerseits ein Ergebnis der großen Toleranz in geistigen Dingen und wohl auch eine der Ursachen dafür. Diese Grundtoleranz macht es möglich, ein einigermaßen friedliches Zusammenleben der vielen Menschen auf demokratischem Weg einrichten zu können. Andere ehemalige Kolonialstaaten wie Pakistan tun sich da schon erheblich schwerer.

Allerdings hat Indien 1991 seinen eigenständigen wirtschaftlichen Weg verlassen und hat sich in die global dominante Wirtschaftsform eingeklinkt, um besser zu reüssieren. Und wieder einmal stehen Verantwortlichkeit und Erfolgsstreben – das sogenannte Gute und das sogenannte Böse – im Kampf miteinander und wir sind damit an den Anfang dieses Textes zurückgekehrt, wo sich Arjuna vor eine Entscheidungsfrage gestellt sah.

Das Interesse an der Welt ist Anlass genug, den Yogaweg zu gehen. Es muss nicht ein persönliches Leiden vorliegen. Auch bei uns wird nicht nur der ein Arzt, der ein gesundheitliches Problem hat.

Wird die Methode des Yoga als Kulturgut anerkannt – und Yoga ist immer nur Methode –, wird es sich auch bei uns verstärkt etablieren und aus Gründen der Konkurrenz werden auch die christlichen Kirchen in ihren Schatztruhen suchen, um jene Fähigkeiten wieder zu gewinnen, die sie aus Angst vor Machtverlust verspielt haben, oder die ihnen durch die Aufklärung aus der Hand genommen wurden.

Die Elektrik und die Elektronik »nagen« gewaltig an den geistigen Zuständen von Muse und Langeweile, die einen Nährboden für meditative Zustände abgeben; als Ausgleich dafür könnten gewollte und bewusste Meditationsanleitungen gegeben werden.

Die Naturwissenschaften mit ihrem instrumentellen Denkmuster haben die Sozialwissenschaften und ihre Fragestellungen in den Hintergrund gedrängt. Eine kognitiv dominierte Antwort auf die Frage der menschlichen Perspektive, wie sie normalerweise die Religionen stellen, kommt in der westlichen Kultur kaum vor und deshalb ist der Lebensraum Welt für spätere Generationen massiv gefährdet. Die Hoffnung ruht in weiten Teilen der Welt nach wie vor auf Technik und sollte langsam um Organisationsperspektiven erweitert werden.

Die christliche Religion als Verwandter der anderen auf Meditation aufgebauten Weltanschauungen könnte einen wertvollen Beitrag zur Weltentwicklung leisten, indem sie aus ihrer ursprünglichen Quelle schöpft und einen wohlgesinnten Umgang mit ihren Verwandten pflegt. Anstatt von ihren Mitgliedern Bekenntnisse einzufordern, könnte sie ihre spirituellen Techniken zur Verfügung stellen und damit die Erkenntnisfähigkeit der Menschen fördern. Religion hat ihren Wert nicht darin, sich selber zu erhalten, sondern sich um die Lebensgestaltung auf der Welt zu kümmern: Wer sich nur um sich selber kümmert, der wird mit der Zeit verkümmern.

Für die Aufklärung, wie sie in Europa entstanden ist, bilden die Naturwissenschaften die Basis: Wie ist die Welt? So sehr das entstandene Wissen bewundernswert ist, führt die Anwendung dieses Wissens doch zu entscheidenden Problemen und weniger zur Lösung, denn die Sinnfrage wird außer Acht gelassen. Yoga und seine Parallelsysteme stellen einen humanwissenschaftlichen Aspekt ins Zentrum. »Wer bin ich und was ist meine Rolle in der Welt?« Die Frage nach dem Sinn seines Lebens richtet man am besten an sein eigenes Leben. Mit Yoga wird die Sensibilität, sich und die Welt zu verstehen, vertieft; die Stärke, um die Eindrücke auszuhalten, wird erhöht; die Fähigkeit, Vorstellung und Wirklichkeit zu unterscheiden, wird hergestellt. Damit wird viel

Ballast, der im konditionierten Leben mitzutragen ist, abgeworfen und es entsteht Freiheit.

Danksagung

Dass dieses Buch so geworden ist, wie es ist, verdanke ich in erster Linie meiner Frau Friedelind, die sich nun seit etlichen Jahren wegen Demenz in einem Pensionistenheim befindet, die meiste Zeit lächelt und sich offensichtlich in ihrer Urnatur befindet; sie hatte den Mut und das eigene Interesse, mit mir trotz meiner Blindheit etliche selbstorganisierte Indienreisen zu machen, wobei wir das erste Mal über Land fuhren. Nach dem Ende meines Studiums lernten wir bei Maria Schmid an der Universität Wien den Yoga kennen und fühlten das Bedürfnis, die Körper- und Geisteskultur Yoga vertieft kennenzulernen.

Mein Dank geht auch an die Yogaschule »Yoga Niketan« in Rishikesh (Nordindien), deren Gründer und Leiter uns als Schüler akzeptierte. Die Erblindung während der Pubertät macht es naheliegend, sich in der Welt neu zu orientieren; dies in einer sensiblen Kultur tun zu können, stellte sich für mich als Glücksfall heraus.

Die Komplexität der Welt und das Leben in der Welt wahrzunehmen und einigermaßen zu verstehen, ist eine umfangreiche Aufgabe. Jeder hat seinen Blick auf die Welt, der sich aus seinen Lebensumständen ergibt; um das Zusammenleben der vielen Menschen einigermaßen zu gewährleisten und zu unterstützen, ist ein Verständnis auch der jeweils anderen von großer Bedeutung. Ich hatte das Glück, ein Berufsleben lang beim Österreichischen Bundesheer beschäftigt zu sein und an der Integration des Bundesheeres in der Bevölkerung mitarbeiten zu dürfen.

So fand ich mich im Spannungsfeld von naiver Sehnsucht nach dem Frieden und der Notwendigkeit, den Friedensbedingungen gerecht zu werden. Dabei lernte ich in sicherheitspolitischen Kategorien zu denken und ich erkannte das Machtpotenzial, das in der gegenwärtig praktizierten Wirtschaftsform den Frieden auf der Welt massiv gefährdet und dass demokratisch eingebundene Streitkräfte auf diese Tatsache hinweisen sollten. Die Bilder friedlicher Weizenfelder bzw. die Bilder von übenden Soldaten sollten in ihrer kausalen Schubmkehr verstanden werden. Es ist nicht alles so wie es scheint. Ich danke vielen ehemaligen Kollegen für die Kommunikation mit mir – entweder dafür, dass sie mich verstanden, oder dafür, dass sie mir widersprachen.

Ich danke auch meinen Freunden, die zum Teil mit mir in großer Geduld meinen Text Kapitel- und Absatzweise auf Plausibilität des Inhalts und Verständlichkeit des Ausdrucks hin besprachen. In den Wissenschaften geht es jedenfalls um richtig oder falsch; in den Religionen primär um die Weitergabe alter Erfahrungen; im Yoga vor allem um die sensible Wahrnehmung der Wirklichkeit. Damit ist man allerdings noch nicht ans Ende des Erkenntnisweges gelangt; Erkenntnis durch Sensibilität bedarf der Mithilfe anderer.

* *

Zitat aus der Bhagavad Gita
Gott Krishna sagt:

*Der für mich arbeitet, der mich liebt, des höchsten Ziel ich bin,
der frei ist von der Anhaftung an alle Dinge und der erfüllt ist
von Liebe zu der ganzen Schöpfung, der in der Tat wird eins
mit mir.*

* * *

Jiddu Krishnamurti

*Wie ich schon sagte: Mein Ziel ist, die Menschen bedingungslos
frei zu machen.
Denn ich behaupte, die einzige Spiritualität ist die Unbestech-
lichkeit des Selbst.
Denn diese ist zeitlos, sie ist die Harmonie zwischen Vernunft
und Liebe.*

* Darstellungen

Der 8-stufige Yogaweg nach Patanjali

Stufe I: Regeln
                Gewaltlosigkeit
                Wahrheit
                Nicht stehlen
                Zölibat oder sexuelle Mäßigkeit
                Nicht anhaften
Stufe II: Empfehlungen
                Reinheit
                Zufriedenheit
                Ausdauer
                Studium der heiligen Schriften
                Anerkennung Gottes
Stufe III: Atemübungen
Stufe IV: Körperübungen
Stufe V: Die Sinne nach innen richten
Stufe VI: Konzentration
Stufe VIII: Meditation
Stufe VIII: Samadhi

Die 5 Bewusstseinsschichten

Körperbewusstsein
Energiebewusstsein
Denkbewusstsein
Erkenntnisbewusstsein
Seligkeitsbewusstsein

* Literatur

Bauer, Joachim: Das kooperative Gen, Abschied vom Darwinismus, Hoffmann und Campe, ISBN 978-3-455-50085-1.

Hüther, Gerald; Roth, Wolfgang; von Brück, Michael: Damit das Denken Sinn bekommt, Spiritualität, Vernunft und Selbsterkenntnis mit Texten des Dalai Lama, Herder, ISBN 978-3-451-05984-1.

Küstenmacher, Marion; Haberer, Tilmann; Küstenmacher, Werner Tiki: GOTT 9.0 – Wohin unsere Gesellschaft spirituell wachsen wird, Gütersloher Verlagshaus, ISBN 978-3-579-06546-5.

Lysebeth, André van: Yoga für Menschen von heute, Mosaik Verlag GmbH München, ISBN 978-3-442-16164-5.

Patanjali: Die Wurzeln des Yoga, hrsg. v. Bettina Bäumer, Otto Wilhelm Barth Verlag, ISBN 978-350-261116-5.

Die Bhagavadgita – des Erhabenen Gesang, hrsg. v. Klaus Mylius, aus dem Sanskrit, Deutscher Taschenbuch Verlag, ISBN 978-3-423-12455-3.

Alfred Hillebrandt: Upanishaden, Diederichs Gelbe Reihe Bd. 15, Diederich, ISBN 978-3-424-00575-2.

Zimmer, Heinrich: Philosophie und Religion Indiens; Hrsg. Joseph Campbell, Suhrkamp Wissenschaft, ISBN 978-3-518-27626-6

Wikipedia: »Gehirn« und Gehirnwellen«

www.yoganiketanashram.org/ info@yoganiketan.org

Die besuchte Yogaschule und Bestelladresse der Bücher des Gründers der Schule Yogeshwaranand Saraswati ji Maharaj (Science of Soul, Himalaya ka Yogi etc.)

E-Mail-Adresse des Autors: Klaus.pinkas@a1.net

* Lebenslauf

Klaus Pinkas, Dr. jur. Hofrat in Ruhe
Geboren 1940 in Graz, heute Österreich

1946	Regelschule, wegen fortschreitender Erblindung Bundesblindeninstitut von 1959 bis 1961
1968	Matura im Zweiten Bildungsweg
1973	Promotion zum Doktor der Rechtswissenschaft
ab 1973	Studium des Yoga u. a. in Indien
1976–2001	Yoga-Lehrer an einer Volkshochschule in Wien
1961	Eintritt in den Bundesdienst in der österreichischen-Landesverteidigung Anfangs Schreibkraft, später Meinungsforschung am Heerespsychologischen Dienst; zuletzt Forscher an der Landesverteidigungsakademie für den sozialwissenschaftlichen Bereich (Institut für Militärische Sicherheitspolitik sowie Abteilung für Wehrpädagogik (heute Institut für Human- und Sozialwissenschaften))
2002	Pensionierung